겨울 원두막

구활 에세이

겨울 원두막

수필과비평사

서문

그리운 사람이 참 많다.
보고 싶은 사람이 더 많다.
이승에서 보지 못한 사람들은
저승에 가서 꼭 만나야 한다.

보고 싶고 그리운 사람들은
춥고 배고픈
겨울 원두막에서 잠시
쉬었다 간 방랑자들이다.
나도 그중 한 사람이다.

떠돌이가 쓴 글을
읽어 줄 리가 없지만
그럴 줄 알고 쓴 글이다.

2023년 3월
구 활

차례

오스카 와일드의 《도리언 그레이 초상》

오스카 와일드(1854.10.16.~1900.11.30.)는 아일랜드 더블린 출신의 소설가이자 극작가다. 그의 이름을 대면 아는 사람은 알고, 모르는 사람은 모른다. 모르는 사람이 더 많다. 이 시대는 문학도 쇠퇴하고 신문과 잡지도 기력을 잃고 사라져 가고 있다. 그래서 모르는 사람이 많다.

오스카는 천재에 가까운 괴짜이며 아이러니와 패러독스, 다시 말하면 촌철살인의 대가다. 그는 46년이란 비교적 짧은 생애를 살면서 많은 글을 썼지만 그중에서도 그가 남긴 명언과 《도리언 그레이의 초상》이란 단 한 편의 장편 소설은 아무도 흉내낼 수 없는 명작으로 꼽히고 있다.

그의 고향 더블린이란 곳은 유명 작가와 예술가들이 엄청나게 많이 태어난 명문 고장이다. 《율리시즈》의 작가 제임스 조이스, 《걸리버 여행기》를 쓴 조나단 스위프트, 《고도를 기다리며》의 사무엘 베케트, 《피그말리온》의 저자 조지 버나드 쇼 외에도 음악가, 극작가, 화가 등 이루 헤아릴 수 없을 정도다. 산천 좋은 곳에서 인재가 태어나고 좋은 가문에서 석학들이 나온다는 얘기는 비단 우리나라에서 그칠 이야기는 아닌 것 같다.

오스카의 몇 가지 명언을 추려 보자. '문학과 언론의 차이는 언론은 읽을 가치가 없다는 것이고 문학은 읽히지 않는다는 것이다. 착한 여자가 되려면 철저히 어리석어야 한다, 도덕을 말하는 남자는 위선자이고 여자는 못생긴 편이다, 훌륭한 남자에겐 적이 없고 친구도 없다,

성인에게도 과거가 있고 죄인에게도 미래가 있다. 아름다운 게 착한 것보다 낫고 착한 게 못생긴 것보다 낫다. 적을 용서해라 용서는 적을 짜증나게 한다.' 칼로 아픈 곳을 찌르는 듯한 명언들이 그의 소산이다.

오스카의 아버지 윌리엄 와일드 경은 의사이면서 고고학과 민속에 관한 책을 쓴 저술가였다. 어머니 역시 성공한 작가이자 아일랜드 민족주의자로 토요일마다 정기적인 살롱을 열고 초대객들과 담론을 나누고 토론을 했다. 오스카는 더블린 트리니티 칼리지와 옥스퍼드에서 수학했으나 태만하여 공부는 잘한 편은 아니었으나 고전학에 심취해 있었다.

오스카는 여러 형식의 글을 써 1890년부터 런던의 유명한 극작가 중의 한 사람이 되었다. 그중에서도 유일한 장편 소설《도리언 그레이의 초상》으로 최고의 인기를 얻었다. 시극《살로메》가 영국에서 상연이 금지됐지만 1894년 사라 베르나르에 의해 파리에서 초연됐다. 그 후 그는 '퀸즈베리 사건'이란 재판에서 풍기문란 혐의로 감옥에 수감됐다. 그는 이 사건으로 영국에서 추방되어 고국으로 돌아가지 못하고 경제적 어려움을 겪다가 프랑스에서 뇌수막염으로 숨졌다. '서른 전후에 요절해야 천재의 첫 번째 조건'이라는 떠도는 말이 있긴 하지만 오스카는 마흔 중반에 세상을 버렸지만《도리언 그레이의 초상》이란 한 권의 소설로 천재의 요건을 충분하게 갖췄다고 할 수 있다.

주인공 도리언 그레이는 키 크고 잘생긴 시쳇말로 '존잘'이다. 배질

홀워드라는 화가는 도리언의 인물에 반해 아무 대가도 없이 초상화를 그려준다. 화가는 친구 헨리 위튼 경을 불러 자신이 그려준 그림을 도리언과 함께 감상한다. 도리언은 미래에 자신이 나이가 들어도 늙어 보이지 않고 대신에 그림 속의 모습이 늙어버리면 좋겠다는 생각을 하며 서재에 걸어둔다.

도리언은 두 사람과 함께 무명배우 시빌 베인이 주인공으로 등장하는 〈로미오와 줄리엣〉 공연을 보러 극장에 간다. 형편없는 연기에 실망한 도리언이 그녀에게 심한 모멸감을 주며 절교를 선언하자 여배우가 자살한다. 여배우가 죽은 후 초상화 속 자신의 얼굴에 사악함이 묻어나면서 무척 늙어 보인다.

시중에는 도리언의 38세 얼굴이 20대로 보이는 까닭은 악마에게 몸을 팔아 젊음을 샀기 때문이란 소문이 나돌기 시작한다. 화가 배질은 소문 확인차 도리언 집을 찾아가 초상화의 늙고 추해가는 얼굴 모습을 보고 깜짝 놀란다.

도리언은 소문의 진실이 밝혀질까 봐 배질을 살해하고 화학자 친구를 불러 시체 처리를 하게 한다. 죄책감에 시달리던 화학자 친구가 자살하자 도리언은 여배우의 남동생 제임스 베인까지 죽여 버린다. 도리언은 선하게 살리라 마음먹고 초상화를 쳐다보니 자신의 얼굴은 종전보다 더 추하게 일그러져 있었다.

나날이 증폭되는 불안과 괴로움은 초상화에서 출발했다고 판단한 도리언은 화가를 살해한 칼로 그림 속의 자신을 찔러 버린다. 아악!

하는 비명이 들리자 달려온 하인들은 칼에 찔린 추악하게 늙은 도리언의 시체를 발견한다.

살인자의 단 한 번의 칼질은 우리나라의 무식한 사람처럼 무지하고 무능한 용감성이 빚은 결과로 결국 자신을 죽이는 결말을 보고서야 세상은 제자리로 돌아갈 것 같다. 서재의 벽에는 여전히 젊고 아름다운 도리언의 초상화가 걸려 있다. 오스카 와일드가 쓴 《도리언 그레이의 초상》을 보면 온갖 부조리가 저질러지고 있는 우리나라 정치 현실의 끝판을 보는 것 같다.

또 있다. 오스카보다 44년 뒤에 태어난 벨기에 출신 르네 마가리트라는 초현실주의 화가의 이야기다. 그가 그린 그림에서 사람이 거울을 보는데 정작 거울에는 얼굴이 아니라 뒷모습이 나타난다. 자신이 얼굴을 보지 못하니 타인이 자신을 어떻게 생각하는지 알 수도 없고 느낄 수도 없다. 보고 알아야 체면을 차릴 수 있을 터인데 자랑만 늘어놓고 부끄러운 줄을 모른다. 1967년에 죽은 화가 르네가 우리나라에 잠시 들러 염치없는 정치판 인간들을 만나고 갔나 보네. 얼굴을 그린다는 게 체면 없고 부끄럼 모르는 대갈통만 크게 그렸구나. 불쌍한 놈들.

버나드 쇼의 우물쭈물

"우물쭈물하다가 내 이럴 줄 알았다."

버나드 쇼(1856. 7. 26.~1950. 11. 2.)의 묘석에 새겨져 있는 문구다. 묘비명(Epitaph)의 명언 중에 최고의 명쾌한 해답이 이 문장이 아닐까 싶다. 원문은 "I knew if I stayed around long enough, something like this would happen."이다. 직역하면 '이만큼 오래 살았으면 이렇게 되는 게 당연하지.'라는 게 원뜻에 가깝지만 그렇게 구질구질하게 늘어놓으니 읽을 맛이 없다.

번역은 원문에 가깝도록 기술해야 하지만 읽는 재미를 느낄 수 있는 아름다운 문장으로 색깔 옷을 입혀야 독자들의 흥미를 끌 수 있다. 버나드 쇼의 '우물쭈물' 묘비명을 두고 올바른 번역이 아니라는 주장을 펴는 이도 더러 있다. 그것은 융통성 없는 샌님의 시각일 뿐 대인의 풍모는 아니다. 성철 스님도 돌아가시기 전에 이 묘비명을 최고의 명문장이라고 평한 바 있다. 필자도 스님의 말씀에 동의한다.

우리가 즐겨 부르는 외국 노래 번안곡 중에서 멋진 가사들이 아주 많다. 그중에서도 멕시코 남성 트리오 Los Tres Diamantes가 부른 〈Luna Llena〉를 블루벨스 사중창단이 번안해서 부른 〈희미한 옛사랑의 그림자〉는 가사와 화음이 일품이다. 버나드 쇼의 '우물쭈물' 묘비명과 '희미한 그림자'를 비교하다가 너무 절묘하여 혼자 웃는다. 오! 멋진 것들.

> 푸른 저 달빛은/ 호숫가에 지는데/ 멀리 떠난 그 님의 소식/ 꿈같이 아득하여라/ 차가운 밤이슬 맞으며/ 갈대밭에 홀로 앉아/ 옛사랑 부를 때/ 내 곁엔 희미한 그림자/ 사랑의 그림자여

버나드 쇼는 1856년 아일랜드 더블린에서 태어난 극작가, 소설가, 비평가이지만 유머러스한 농담을 즐기는 사람으로 유명하다. 그는 중산층 가정의 1남 2녀 중 막내로 태어났으나 아버지의 사업 실패로 가세가 기울어 초등학교만 겨우 졸업했다. 그의 학교 성적은 하위권을 맴돌았지만 작문 실력은 누구보다 뛰어났다. 사환 일을 하면서 독학으로 음악과 그림을 배웠으며 혼자 소설을 쓴 것이 밑거름이 되어 노벨문학상을 받았다.

그의 아버지는 술로 세월을 보내면서 폐인이 되어 버리자 어머니는 집을 나와 버나드의 음악 가정교사와 동거하게 된다. 버나드 쇼는 아버지를 버리고 어머니 곁에서 살았지만 아버지 아닌 사람이 아버지 행세하는 것을 몹시 싫어했다. 그러나 어머니의 영향으로 음악에 흥미를 느끼고 헨델, 하이든, 모차르트, 베토벤, 베르디 등 유명 작곡가들의 곡을 휘파람으로 따라 부를 수 있을 정도의 재능을 갖고 있었다.

버나드 쇼는 런던으로 나와 소설가가 되기 위해 많이 읽고 쓰기를 게을리하지 않았다. 또 영화, 연극 그리고 미술을 보는 안목을 넓히기 위해 사물의 보이지 않는 부문을 꿰뚫어 보는 비평 훈련도 열심히 했다. 1880년대 중반에 이르러 음악과 연극의 비평가로 명성을 얻어 신문과 잡지의 비평란을 담당하는 유명 인사가 되었다.

그는 비평 외에도 70여 편의 희곡을 썼으며 〈인간과 초인〉, 〈성녀 조앤〉, 〈시저와 클레오파트라〉, 〈피그말리온〉 등의 작품으로 세계적인 작가 반열에 올랐다. 버나드 쇼는 유머와 위트에 풍자를 뒤섞은 신랄한 작품을 주로 썼으며 부조리한 정치 현실이나 사회현상을 고발하거나 비꼬는 명언들을 쏟아내는 독설가로 이름을 날렸다.

버나드 쇼는 기인이자 천재였다. 그는 36세 때 45세의 엘렌 테리라는 당대 최고의 여배우와 한 번도 만남이 없는 연애를 했다. 오로지 편지로만 연애하고 사랑을 고백하기도 했는데 그 세월이 30여 년이었다.

두 사람은 걸어서 20분 거리에 살면서도 만나기를 두려워했다. 왜냐하면 사랑하는 감정과 환상이 혹시 무너질까 근심하고 있었기 때문이다. 그러면서도 이런 편지를 쓰기도 했다. "나는 흥분해서 잠들 수가 없어요. 보통 남자가 그런 건 여자 때문이지만 내가 그런 건 당신 때문이지요."

그는 육식을 멀리하는 비건(vegan)으로 94세까지 장수했지만 '여자관계는 아주 깨끗했다.'고 전해지고 있다. 당시 최고의 발레리나인 이사도라 던컨이 묘한 작업을 걸어왔다. "우리가 결혼하면 나의 미모와 당신의 명석한 두뇌를 가진 그런 아이가 태어나겠지요?", "그것 참 좋은 생각인데요, 딱 한 가지가 걱정되네요, 나의 못생긴 얼굴에 당신의 둔한 머리를 합한 아이가 나올 수도 있겠지요." 그 대답에 기가 막힌 이사도라는 얼굴이 벌겋게 달아올라 속으로 '에이 씨, 제이미 씨'를 연발하며 물러났다.

버나드의 명언과 에피소드 몇 개를 한자리에 모아봤다.

"빨리 도망쳐. 모두 들통났음." 버나드 쇼가 사회 지도층들에게 날린 한 통의 전보가 영국을 발칵 뒤집어 놓았다.(우리나라에서도 "당신의 비밀을 폭로할 거야."란 문자에 유명 인사들이 지우는 대가로 돈을 보낸 적이 있었다.) 에펠탑이 건설된 지 언젠데 올라가 자살하는 사람이 없다니. 에펠이 런던에 있었다면 자살 탑이 됐을 텐데.(영국인의 고지식함을 비꼼) 버나드는 노벨상 수상 소식에 상장은 받되 상금 수령은 거부했다. 도와달란 요청이 너무 많아 잠잠해질 때까지 참다가 늦게 상금을 받았다. 상금을 수령할 때 "노벨이 다이너마이트를 발명한 건 용서할 수 있다. 그러나 인간의 탈을 쓴 악마만이 노벨상을 제정할 수 있다."는 한마디를 남겼다. 절반 남은 술병을 보고 비관론자는 "술이 반밖에 없구나." 낙관론자는 "술이 아직도 반이나 남았네."라고 말한다. 비겁자가 되지 않고는 영웅이 될 수 없다.

버나드는 1898년 샬럿 페인과 결혼했으나 부부관계를 하지 않는 금욕주의자 삶을 살았다. 아내가 죽고 7년 뒤인 정원에서 가지치기를 하다 심장마비로 이승을 떠났다. 우물쭈물하면서 94년을 버텨냈다.

톰 웨이츠의 싸늘한 여인

톰 웨이츠(1949년생)의 노래는 푹 삭힌 홍어를 씹는 맛이다. 맛은 없고 냄새는 지독하다. 콧구멍으로 튀어나오는 '웩~'한 냄새는 화생방 체험장에서 5분을 견디는 고통과 맞먹는다. 홍어를 처음 먹어 보면 이건 숫제 음식이 아니라 개도 못 먹을 쓰레기다. 웨이츠의 노래도 처음 들어보면 이것 역시 노래가 아니다. 과하게 설탕을 끼얹은 에스프레소 커피에 니코틴이 안개처럼 피어오르는 아메리카 각설이 타령이라면 표현이 지나칠까.

혀를 홍어 맛에 길들이기는 쉽지 않다. 웨이츠의 노래도 귀가 거부감을 느끼지 않을 단계로 끌어 올리려면 그것 또한 보통 일이 아니다. 맛보는 훈련이 모자라면 죽을 때까지 홍어 맛을 몰라야 하고, 듣는 노력이 부족하면 웨이츠를 알지 못하고 평생을 보내야 한다. 〈커피와 담배〉라는 영화에 웨이츠를 출연시킨 영화감독 짐 자무시는 "톰 웨이츠의 음악을 모른다면 인생에서 많은 부분을 잃고 사는 것"이라고 했다. 독립영화의 거장 자무시는 '정신적 허영'을 먹고 산 사람이지만 이 말 한마디로 웨이츠를 높이 치켜세웠다.

웨이츠의 음악에는 담배 연기와 맥주 그리고 희화 캐릭터처럼 생긴 용모와 비 온 다음 날 자갈밭을 굴러가는 마차 바퀴 소리 같은 쉰 목소리가 뒤엉켜 있다. 그것은 두엄더미 속에서 켜켜로 쟁여져 썩어가는 홍어 냄새를 맡은 코에서 터져 나오는 '푸와하악' 하는 비명과 크게 다르지 않다.

웨이츠의 노래를 처음 들으면 '노래를 왜 이렇게 부르지, 이런 것도 노랜가?'라는 의구심이 들기 마련이다. 그렇지만 그의 노래를 계속해서 들으면 모르는 사이에 끌려 들어가게 된다. 웨이츠의 음악에는 마약과 같은 중독성이 있다.

웨이츠의 노래 속에 들어 있는 음울한 시가 알게 모르게 슬며시 사람을 끌어당긴다. 막걸리에 절어 있는 듯한 쉰내 나는 목소리와 찡그린 얼굴조차도 그의 예술혼에 단단히 묶여 있다. 그뿐 아니다. 특이한 걸음걸이와 구부정한 어깨는 고독을 한 짐 짊어지고 홀로 높은 재를 넘어가는 보부상처럼 처량하고 애잔해 보인다. 거칠고 불쾌한 목소리와 평범한 의상을 전혀 평범하지 않게 소화하는 특출함이 그의 매력이다.

홍어도 그렇다. 맨 처음 만나면 다시 만날까 두렵다. 그러나 그게 아니다. '낯섬'과 '익숙'이 만나 부딪치는 길목에선 자주 만나는 일밖에 다른 왕도는 없다. 홍어도 먹는 연습을 거듭하게 되면 서서히 그 맛을 알게 된다. 하루아침에 홍어 맛을 알 수는 없다. 세월과 함께 흘러가면서 내 마음을 주고 그 대가로 홍어가 품고 있는 맛을 빼앗아 오면 홍어의 진미를 그때서야 알게 된다. 남도 쪽으로 여행을 자주 다니다 보니 홍어와 친해져 숙성되지 않은 날것은 아예 쳐다보지 않고 냄새가 요란한 잘 익은 것들만 친구로 삼는다. 한참 동안 만나지 못하면 꿈에 홍어 먹는 꿈을 꾸게 된다.

웨이츠는 1973년 앨범 〈클로징 타임(Closing Time)〉으로 데뷔했다. 그는 다른 뮤지션들이 아끼고 사랑하는 특이한 뮤지션이다. 시샘이 많은 뮤지션들은 공공연히 "어느 가수를 좋아한다."라는 말들을 하지 않는 것을 불문율로 삼고 있다. 그러나 웨이츠의 경우는 예외다. 왜냐하면 웨이츠는 다른 예술가들이 갖지 못한 것을 갖고 있다. 그것은 특유의 읊조리면서 쉰 듯한 가성과 음유시인의 이미지를 전위적인 사운드로 변환시키는 능력이 있기 때문이다.

우리나라에선 박찬욱과 이무영(본명 송충섭) 영화감독이 톰 웨이츠의 열혈팬이다. 박 감독은 그를 기리는 장문의 글을 쓴 적이 있고, 그의 노래 제목인 〈블랙 윙〉을 자신의 영화 〈박쥐〉의 영어 제목을 'Black Wings'으로 지으려고 했다니 웨이츠에 대한 애정이 얼마나 깊은가를 짐작할 수 있는 대목이다.

유튜브에 나오는 동영상을 보면 웨이츠의 용모와 의상은 세련미도 없고 산뜻한 기운은 찾아볼 수 없다. 그의 멋은 괴상하며 파격적이다. 지극히 평범한 것 같은데 독특하다. 그의 노래도 그렇다. 암담하면서도 시적인 가사가 샌드페이퍼를 긁는 듯한 그의 목소리로 튀어나올 때 그것은 바로 전율이 되어 살갗을 할퀸다.

톰 웨이츠가 1985년에 부른 〈싱가포르〉란 노래의 "부랑자와 사기꾼으로 가득한 배를 타고 오늘 저녁 싱가포르로 도망가자."라는 가사는 다분히 선동적이다. 우리가 살고있는 별 볼 일 없고 재미도 없는 이 도시를 떠나 신비스러울 정도로 낯선 그곳에서 즐기며 살아보자고 부추기고 있다.

톰 웨이츠의 음악을 좋아하는 이들은 남녀노소 관계없이 다양하지만 선호도는 홍어 맛과 비슷하여 그런지 그리 높지는 않다. 그러나 웨이츠를 사랑하는 마니아들은 제목부터 매력을 풍기는 〈식은 맥주와 싸늘한 여인(Warm Beer & Cold Woman)〉이 흘러나오면 사족을 못 쓴다. 마치 연인을 떠나보낸 사내가 차가운 라거 맥주가 미지근하게 식어 갈 때까지 사랑하는 이의 환영에서 헤어나지 못하는 착각 속에서 그 노래를 듣기 때문이다.

괴상한 의상에 별로 잘생기지는 않았지만 웨이츠는 참으로 매력적인 인간이다. 그는 기인이기 때문에 아무도 부를 수 없는 노래를 혼자 불렀고 어느 누구도 따라올 수 없는 몸짓으로 무대를 장악했다.

그는 음악 파트너인 캐서린 브레넌을 만난 지 4개월 만에 아내로 삼았다. 결혼식은 단돈 49달러로 결혼사진, 결혼허가증, 주례비, 화환까지 한몫 해결토록 했다니 이것 또한 기인만이 할 수 있는 독특한 행동이다.

우리 동네에 탁자가 두어 개뿐인 목로주점이 일 년 사철 문을 열고 있으면 좋겠다. 스카프를 아무렇게나 두른 주모가 술이 취할 때마다 웨이츠의 〈꽃의 무덤〉이란 노래를 틀어 주면 좋겠다. 그러면 나는 흐느적거리며 춤을 추며 "꽃이 죽으면 누가 그 무덤에 꽃을 꽂아 주겠는가."란 노랫말을 어깨로 흥얼거리고 싶다.

헤밍웨이 모히토와 다이키리

럼(Rum)은 해적들만 마시는 술인 줄 알았다. 대학생이 되어 막걸리를 마셔 본 게 술의 시작이었다. 독한 소주를 어쩌다 한 모금 마셔보면 맛이 없었다. 군 복무를 마치고 수습기자로 언론계에 발을 딛고 보니 그곳은 술판이 기본이었다.

입사 2년 뒤인 1969년 2월 14일 설악산 건폭골(죽음의 계곡)에서 히말라야 원정대 10명이 새벽 6시 눈사태를 만나 전원이 사망한 산악참사가 발생했다. 경북학생산악연맹 출신인 필자는 구조대원 5명(조병우, 김종률, 박상열, 최상복, 손익성)과 함께 현지로 출발했다. 구조대 멤버로 조난 현장으로 떠난다는 소식을 들은 지인이 양주 한 병을 보내와 지루한 열차 여행 중에 대원들과 홀랑 마신 것이 럼과의 첫 대면이었다.

대구에서 설악동까지 올라가는 데 만 3일이 걸렸다. 당시 쌓인 눈은 2.5m 였으며 속초에서 설악으로 내왕하는 공군 트럭은 도로를 눈으로 다진 설도雪道 위를 굼벵이처럼 걸어 다녔다. 설악동에 먼저 와 있던 고교 동기생인 산악연맹 멤버였던 강운구(사진가 · 조선일보 사진기자)와 김택현(중앙일보 사진기자)을 반갑게 만났다.

경비를 줄이기 위해 인근 여관에 들지도 못하고 계곡 입구에 텐트를 치고 자기로 했다. 기온은 영하 20도 내외여서 중고 군용 침낭에 들어가 꼬박 뜬눈으로 밤을 지새웠다. 럼이란 술은 눈 속 텐트 속에서 한 모금씩 마시면서 몸을 덥혀야지 열차 안에서 마실 술이 아니라는 걸 늦게 깨달았다. 히말라야 전사 10명은 설악산 눈 속에 묻혔다가 17일 후인 3월 3일 전원 인양됐다.

헤밍웨이는 럼의 마니아였다. 쿠바 아바나로 들어가기 전에는 미국 최남단 키웨스트에서 두 번째 아내와 살았다. 남국의 하늘과 바다를 즐기며 수제 시가와 럼 칵테일인 모히토와 다이키리를 입에 달고 살았다.

헤밍웨이는 아바나에 살 때 술 마시기 전후에 "My mojito in La Bodeguita, My daiquiri in El Floridita."(내 모히토는 라보데기타, 내 다이키리는 엘플로리디타.)라고 자주 말했다. 이 짧은 두 문장은 관광객들이 외우는 주문으로 변한 지 오래다. 그들 역시 헤밍웨이가 그랬던 것처럼 낮에는 라보데기타로, 저녁에는 엘플로리디타란 술집으로 몰려가 모히토와 다이키리를 맛보려고 야단법석이었다.

모히토는 럼을 붓고 레몬 덩어리 얼음과 민트와 라임 조각을 첨가하면 멋진 칵테일이 된다. 다이키리는 럼과 레몬즙, 대패질한 얼음을 적절히 배합하면 쉽게 즐길 수 있다. 레몬 구하기가 번거로우면 럼에 코카콜라를 넣은 '럼 앤 콕'을 만들어도 즐길 만하다.

헤밍웨이는 다이키리를 마실 땐 설탕을 넣지 않고 신맛이 강한 엄청 독한 프로즌 다이키리를 즐겼다. 그는 소설에서 "다이키리 술잔을 들고 바다를 생각하고 죽음 같은 고요 속에서 해가 수직으로 오르내리는 바다에 있을 때는 바다 색깔의 술을 마시고 싶어진다."라고 쓴 적이 있다. 그는 〈멕시코 만류의 섬들〉이란 소설에서도 다이키리를 마시는 사람들의 이야기를 장황하게 썼는데 얼마나 그 술을 좋아했는지를 짐작할 수 있다.

헤밍웨이는 아바나를 찾아온 프랑스 작가 사르트르, 미국 극작가 테네시 윌리엄스, 배우 케리 쿠퍼, 에바 가드너 등과 유명 바인 엘플로리디타에 앉아 술잔을 기울이며 담소를 나누기도 했다. 올드 아바나의 두 술집 외에도 헤밍웨이가 1932년부터 7년 동안 사용했던 맘보스 문도스호텔 511호도 작가의 체취와 숨결을 느낄 수 있는 곳이다. 방안에는 싱글 침대와 낡은 타자기 한 대가 있을 뿐 다른 장식은 없다. 치장이 그리 중요하지 않다는 사실을 이곳에서 배울 수 있다.

헤밍웨이는 1899년 7월 21일 미국 시카고에서 의사 아버지와 성악가 어머니 사이에서 6남매 중 장남으로 태어났다. 그는 평생을 낚시, 사냥, 투우에 심취한 반면 술과 담배 그리고 4명의 아내 외에 애인을 여럿 거느린 바람쟁이였다. 첫 아내는 여덟 살 연상인 헤들리 리차드슨, 둘째는 부호의 딸 네살 연상인 폴린 파이퍼, 셋째는 소설가 마르타 겔호른, 넷째 메리 웰시였다.

그는 1921년 프랑스 파리에서 특파원으로 일하면서《위대한 개츠비》를 쓴 작가 스콧 피츠제럴드, 에즈라 파운드 등과 어울려 본격적인 소설을 쓰기 시작했다. 1926년엔 방황하는 젊은이들의 삶을 그린〈태양은 다시 떠오른다 (The sun also rises)〉라는 소설로 일약 스타덤에 올라 이른바 'Lost generation' (잃어버린 세대)을 대표하는 작가 반열에 올라섰다. 이 소설을 시작으로 쓰는 작품마다 베스트 셀러가 되어 엄청난 부자가 되었다.

전쟁의 와중에 사랑을 나누는〈무기여 잘 있거라〉,〈킬리만자로의 눈〉,

〈누구를 위하여 종은 울리나〉 등이 이 시기에 쓴 소설이다. 그는 그간 벌어둔 돈으로 아바나 외곽의 농장 주택 '핀카 비히아'를 매입, 호화스러운 생활을 즐겼다. 그 후 십여 년 동안 인기가 뜸해졌다가 1952년 〈노인과 바다〉가 대히트하여 퓰리처상과 노벨문학상을 받았다.

헤밍웨이는 미국 본토에서 금주법이 내려져 있을 때 쿠바에서 모히토와 다이키리를 양껏 마시고 즐기다가 1961년 미국으로 돌아갔다. 그는 두 번의 비행기 사고를 당한 후유증으로 신경쇠약과 우울증에 걸려 고생하는 중에 하나님의 음성을 들었다. "우물쭈물하지 말고 빨리 올라와." "그곳에서도 다이키리를 즐길 수 있는지요." 헤밍웨이는 자택 벽에 걸려 있던 엽총으로 62년 생애를 향해 방아쇠를 당겼다.

"탕!"

미라보 다리 밑의 아폴리네르

〈미라보 다리〉란 시가 너무 좋아 꼴깍 넘어간 적이 있다. 그게 언제인지는 나도 모른다. 시를 읽지 않을 때였다. 그 시의 첫 소절을 읽다가 반해 버린 걸 보니 남녀 간의 사랑이 첫눈에 불이 댕겨지듯 아마 그렇게 〈미라보 다리〉도 내 안으로 들어온 것 같다.

기욤 아폴리네르(Guillaume Apollinaire 1880. 8. 26.~1918. 11. 9.)는 로마에서 태어났으나 모나코에서 어린 시절을 보냈다. 어머니 안젤리카 코스트로비츠카는 지금은 벨라루스 영토인 나바후르다크가 고향인 폴란드 귀족 출신이다. 아버지는 이름이 알려지기를 싫어하는 고관이거나 아니면 시를 중얼거리며 돌아다니는 거리의 허렁뱅이였는지 어머니는 알고 있겠지만 아들은 모른다.

아폴리네르는 사생아란 신분으로 프랑스에서 지낼 때 출처가 불분명한 이방인 신세로 문필활동을 했다. 그렇지만 그는 시인으로 성장하여 프랑스 사람들이 가장 사랑하는 국보급 시인으로 칭송받고 있다. 프랑스 사람들은 지금도 대표 시를 꼽으라면 서슴없이 〈미라보 다리〉를 앞세우고 있다.

아버지 없이 자란 시인과 비슷한 운명을 타고난 또 한 사람의 프랑스 화가도 있다. 모리스 위트릴로라는 화가는 매춘부 출신으로 나중 화가가 된 수잔 발라동의 아들이다. 아버지는 몽마르트 거리를 떠도는 무명 화가였다. 위트릴로는 사생아의 설움을 그림으로 이겨내 거리의 건물들을 한결같이 흰색으로 색칠한 백색 화가란 호칭을 얻은 화가다. 위트릴로란 성씨는 어머니와 친한 스페인에서 이민 온 미구

엘 위트릴로에게 부탁하여 그의 아들로 입적시켜 겨우 얻은 것이다.

나는 〈미라보 다리〉란 시를 접하고 시의 원문을 구해 엉터리 프랑스 발음으로 중얼거리고 다녔다. 오십여 년 세월이 지나 지금은 맨 앞 문장 한두 마디만 혀끝에서 맴돌 뿐 나머지는 잊어버렸다. "술 레 봉 미라보 꿀르 라 센느/ 에 노 아모르"(Sous le pont Mirabeau coule la Seine/ Et nos amours). 복습하는 심정으로 한글로 〈미라보 다리〉의 전편을 적어 본다.

> 미라보 다리 아래 세느강이 흐르고/ 우리들의 사랑도 흘러내린다/ 아 기억해야만 하는가/ 우리들의 사랑을/ 기쁨은 언제나 고통 뒤에 오는 것/ 밤이여 오라 종이여 울려라/ 세월은 흐르고 나는 머무네/ 손에 손을 맞잡고 얼굴을 마주하자/ 우리들의 팔과 다리 아래로/ 영원한 시선의 지친 물결이/ 흘러가는 동안/ 밤이여 오라 종이여 울려라/ 세월은 흐르고 나는 머무네/ 사랑은 흘러간다 흐르는 강물처럼/ 사랑은 흘러간다/ 인생은 얼마나 느리고/ 희망은 또 얼마나 강렬한가/ 밤이여 오라 종이여 울려라/ 세월은 흐르고 나는 머무네/ 하루 하루가 지나가고 세월이 흘러간다/ 가버린 시간도/ 우리들의 사랑도 돌아오지 않으리/ 미라보 다리 아래 세느강이 흐른다/ 밤이여 오라 종이여 울려라/ 세월은 흐르고 나는 머무네

아폴리네르는 이 시를 서른두 살에 썼다. 4년 뒤 1차 세계대전에

참전하여 부상을 입었다. 사망하기 2년 전에 프랑스 국적을 취득했지만 젊은 시절 내내 프랑스 사람으로 살았기 때문에 국적에 대한 의미는 없었다. 그는 피카소, 브라크, 막스 자콥, 앙드레 살몽, 블라맹크 등 이른바 화단의 전위파 들과 끈끈한 친교를 맺고 있었다. 당시 유행이었던 상징주의 황혼기에 서서 초현실주의의 문이 열리기 시작한 20세기 초의 시대정신을 가장 강하게 펼친 시인으로 평가되고 있다.

그는 생전에 네 명의 여인과 사랑을 나눴다. 20대 초엔 영국 처녀 애니 플레이든과 사귀면서 '사랑받지 못한 사내의 노래'를 썼다. 1차 세계대전 중에 만난 루(Lou)와는 진한 에로스적인 사랑을, 마들렌 파레스와는 약혼까지 했으나 결실은 맺지 못했다.

그러나 1907년에 만나 5년 뒤에 헤어진 화가 마리 로랑생과는 열렬히 사랑하면서 프랑스 국보급 명시 〈미라보 다리〉를 남겼다. 아폴리네르는 그림을 배운 적 없고 길거리에서 통행세를 받던 말단 세관원 출신인 가난한 화가 앙리 루소와 친했다. 그는 루소의 생계에 도움을 주기 위해 자신의 연인인 마리 로랑생과의 커플 초상화를 그려달라고 부탁했다. 그는 그림값으로 시중 시세보다 엄청 높은 5만 프랑을 지불했으나 그림이 마음에 들지 않았다. 연인인 로랑생조차 "그림 속의 내가 나를 닮지 않았다."며 입을 삐죽거렸으나 아폴리네르는 불평 한마디하지 않았다.

마리 로랑생은 세느강의 이쪽에 살고 아폴리네르는 강 저쪽에 살면서 아름다운 아치형 미라보 다리를 건너다니며 사랑을 속삭였다. 사랑의 끝은 이별이듯 둘은 헤어졌고 강물은 세월을 싣고 정처 없이 흘러가 버렸다. 추억은 미라보 다리 밑에 머물러 있고 시인은 돌아올 가망 없는 연인을 기다리지만 사랑은 흘러가는 강물처럼 허망한 것. 아폴리네르는 사랑하는 마리 로랑생을 다시는 만나지 못했다.

아폴리네르는 루브르 박물관의 〈모나리자〉를 훔친 혐의로 구속되었다가 4일 만에 무혐의로 풀려났다. 그는 친구 샤갈의 아틀리에에서 주위의 냉대와 실연의 아픔 속에 신세 한탄을 하면서 술을 마셨다. 해뜰 무렵 세느강을 건너 집으로 돌아가다 문득 떠오르는 연인의 환영을 보고 〈미라보 다리〉라는 명시를 지었다. 영국인들은 템스강을 '흐르는 역사'(Liquid history)라고 부르지만 프랑스인들은 세느강을 '사랑스러운 강'(Lovely river)이라고 부르고 있다.

아폴리네르는 세계대전 종전 3일을 앞두고 천재 예술가들이 흔히 그렇듯 38세의 이른 나이로 짧은 생을 마감했다. 이승에선 세느강의 '미라보 다리'에서 시를 썼지만, 저승에선 은하의 '미리내 다리'에서 누구를 기다리며 시를 쓰고 있을까.

밀레는 베토벤, 〈만종〉은 음악

프랑스 화가 밀레(1814. 10. 4.~1875. 1. 20.)의 〈만종〉을 보고 있으면 어릴 적 생각이 난다. 나는 성당 발치에 있는 고향 마을에서 태어나 붉은 벽돌 종탑에서 들려오는 삼종 소리를 듣고 자랐다.

키가 크면서 생각의 폭이 넓어지자 성당의 종소리가 귓가에서 머무는 시간이 길어졌다. 별것 아니라고 생각했던 그 소리가 아름다운 별것으로 느껴지기 시작했다. 도시로 떠나오면서 성당의 삼종 소리를 잃어버렸고 유치찬란한 '이발소 만종'을 보고 대리 만족을 해야 했다.

〈만종〉은 그림이지만 음악에 가깝다는 느낌이 든다. 들판에서 기도하는 부부 뒤편에 아스라이 멀리 있는 종탑 때문이다. '댕 데엥 데에엥' 하는 종소리는 단조로운 멜로디지만 때로는 장중한 클래식 음악보다 오히려 더 큰 무게로 밀려올 때가 있다. 만종이 음악이라면 밀레는 베토벤이다.

〈만종〉을 보고 있으면 평화로운 들판 풍경에 노을빛이 스며들어 자연의 장엄함이 이렇게 아름다울 수 있는가 하는 감격에 사로잡히기도 한다. 이 그림은 우리나라 농촌의 논밭과 별반 다를 바 없는 풍경들이 우선 친근감으로 다가오지만 조금만 지나면 먼 데서 들려오는 희미한 종소리가 두고 떠나온 모든 추억들을 그립게 만든다.

아름다운 종소리는 화면 밖으로 튀어 나가기 전에 그림 속 부부의 귀로 들어가 간절한 기도를 드리게 한다. 또 밀레라는 화가로 하여금 프랑스의 국보라는 일컬음을 받는 유화를 그리게 하여 세계인의 감성을 자극하는 명화의 반열에 올려세웠다. 종소리가 들리지 않는다고 해서 그 소리가 소멸되는 것은 아니다.

〈만종〉이란 그림은 아름답지만 슬픈 사연을 품고 있다. 유럽의 일부 평론가들은 그림의 구도와 부부의 표정이 감사기도를 드리는 것은 아니라 무어라 단정 지울 수 없는 어떤 사연 때문에 슬픈 감정이 그들 부부의 얼굴 주변에 맴돌고 있다고 말하고 있다.

화가 살바도르 달리(1904~1989)는 어린 나이 때 〈만종〉이란 그림을 보고 말할 수 없이 불안하고 불길한 생각이 들었다고 말한 적이 있다. 그는 그때의 느낌을 어른이 되어서도 지우지 못하고 '밀레의 만종에 숨겨진 비극적인 신화'라는 글을 쓴 적이 있다. 달리는 만종의 부부는 삼종 기도를 드리는 게 아니라 발밑에 묻힌 죽은 아이를 위해 추모의 기도를 드리는 것이라고 주장했다.

달리는 밀가루 반죽처럼 흐물거리는 시계를 책상에서 곧 떨어질 것 같이 초현실적인 〈기억의 고집〉이란 그림을 그린 별난 화가다. 프랑스 미술계에선 달리는 특이한 상상과 별난 개성을 지녔기 때문에 '부부의 감자 바구니 밑에 아이의 주검이 묻혀 있다.'는 그의 주장을 대수롭지 않게 여겼다.

그러나 그림을 소장하고 있는 루브르 박물관에서 1932년 정신이상자가 관람 도중 칼로 그림을 찢는 사고가 발생했다. 〈만종〉을 원래 상태로 수리하기 위해 X-선 투시 검사를 해보니 덧칠하기 전 초벌 그림에 아이의 관 흔적이 발견됐다. 달리의 이러한 주장은 문학에선 에피파니(Epiphany)라고 하며 갑작스러운 깨달음이나 통찰을 아울러 천주교에선 공현公顯, 불교에선 견성見性이라고 한다.

밀레는 물감 살 돈이 없는 가난한 화가였다. 〈만종〉이 명화임을 알아본 사람은 장 자크 루소였다. “자연으로 돌아가라.”는 명언을 남긴 루소는 어느 날 밀레를 찾아왔다. “자네 그림을 사려는 사람이 선금 300프랑을 내게 맡겼네.” 밀레는 뛸 듯이 기뻤다. 그는 마지막 손질을 끝내고 벽에 밀쳐둔 〈만종〉을 루소에게 넘겨주었다.

재혼한 부인과 사이에 아홉 자녀를 키우고 있던 밀레는 그제서야 숨통이 트여 밥을 굶지 않고 제대로 그림을 그릴 수가 있었다. 이런 와중에 프랑스 정부에서 〈곡식을 키질하는 사람〉을 구입하기로 결정하여 명성과 재력이 뒷받침되었다. 경제적 여유가 생기자 밀레는 루소의 집을 찾아갔다. 이게 웬일인가. 〈만종〉이 거실 벽에 버젓이 걸려 있지 않은가.

〈만종〉은 루브르에 오기 전, 미국 아메리카 미술협회에 팔려 갔다. 프랑스는 정부와 국회가 나서 모금 활동을 벌였으나 구입 비용에는 턱없이 모자라 그림을 돌려받지 못했다. 백화점 재벌 알프레드 쇼사르가 80만 프랑을 주고 사들여 루브르에 기증한 것을 지금은 오르세 미술관으로 이관하여 전시하고 있다.

요즘은 성당의 삼종 소리도, 예배당의 새벽기도 종소리도 들을 수가 없다. 고향에서 들었던 그 종소리가 듣고 싶을 땐 인터넷에 들어가 솔렘 수도원의 검은 옷을 입은 사제가 치는 종소리를 듣는다. ‘댕 데엥 뎅 데에엥’ 종소리를 들을 때마다 마음을 고향으로 띄워 보낸다.

〈만종〉이 음악이라면 밀레는 베토벤이다. 정말이다.

강둑에서 만나는 루이 암스트롱

어느 해 늦봄 무렵, 시골집 아래채에 젊은 남녀가 이사를 왔다. 이삿짐이라야 가방 두어 개뿐이었다. 그들은 서울의 미술대학에 다니던 학생으로 어쩔 수 없는 사랑 때문에 가출하여 그들의 선배인 고향 중학교 미술 교사의 소개로 우리 집으로 왔다고 했다. 그들은 대학 풋내기인 나보다 몇 년 선배였으며 가출 남녀였지만 예의와 행동거지는 반듯했다.

남학생은 석월石月, 여학생은 우경雨景이란 예명을 사용했으며, 이름에 걸맞은 예술적 분위기를 풍기고 있었다. 석월 형은 경기용 오토바이를 즐겨 타다가 미끄러져 다친 검은 반점을 얼굴에 훈장처럼 달고 있었다. 우경이는 아주 예쁜 얼굴은 아니었지만 뭔지 모를 매력을 은은하게 내뿜고 있었다. 나는 석월 형과 우경이가 무턱대고 좋아지기 시작했다.

여름날 온종일 무료하게 지내는 석월 형을 금호강으로 데리고 나가 피라미 낚시법을 가르쳐 제법 손놀림을 익숙하게 만들었다. 채비라야 미늘 없는 파리낚시 몇 개를 매단 대나무 낚대와 작은 소쿠리가 전부였다. 그러나 허탕치는 날이 없어 은빛으로 반짝이는 피라미들이 바구니에 가득했다. 강은 모래의 속살이 보일 정도로 청정했고 미술학도가 강 소년으로 변해 피라미 낚시에 심취해 있는 모습을 보는 것도 내겐 작은 행복이었다.

저녁 해가 노랑 물감을 풀어 '노을'이란 그림을 그리기 시작하면 우리는 강둑길을 따라 집으로 돌아왔다. 석월 형은 휘파람으로 같은 곡을 계속 불었다. 처음 듣는 곡이 너무 멋있어 "형 그게 무슨 노래에요?" 내가 물었다. "흑인들이 즐겨 불렀던 흑인영가란 것이야. 나중 가르쳐 줄게." 집으로 돌아오면 어머니와 우경이 누나의 합작품인 홍두깨로 민 손국수, 파릇한 호박 나물이 듬뿍 얹혀있는 그 국수를 배불리 먹을 수 있었다.

흑인영가의 제목은 〈When the saints go marching in(성인들이 행진해 들어갈 때)〉이란 노래였다. 강에서 돌아올 때마다 피라미 낚시꾼인 우리는 형편에 맞게 가사를 고쳐 불렀다.

> 우리는 즐거운 피라미 낚시꾼/ 지친 걸음으로 터벅터벅 강둑을 걷고 있네/ 기다리는 사람의 집으로 돌아가고 있네/ Oh, when the saints go marching in.

석월 형이 앞 소절을 선창하면 나는 뒷소절인 '오 휀더 쌩 고 마칭인'을 추임새 넣듯이 즐겁게 불러제꼈다. 팝을 배우고 있던 대학 친구들보다 한발 앞서 루이 암스트롱 음악을 내 멋대로 즐길 수 있었다.

루이 암스트롱은 루이지애나주 뉴올리언스에서 흑인 노예의 후손으로 태어났다. 그의 아비는 새 여자와 가출해 버렸고 어머니는 살길이 없어 매춘으로 돈을 벌었다. 그는 먹을 것이 부족하여 거리의 잔반통을 뒤져 먹다 버린 고기 조각을 씹어 먹었다.

취학 연령이 되어 흑인 소학교에 등록은 했지만 제 손으로 돈을 벌지 않고는 먹을 것이 모자랐다. 또래들과 사중창단을 만들어 요즘의 버스킹처럼 길거리에서 노래를 불렀지만 그 돈으론 허기진 배를 채울 수 없었다. 루이에게 일거리를 자주 주던 이웃 흑인 아저씨에게 중고 코넷을 살 돈 5달러를 빌렸다.

루이는 친척 집에서 몰래 빼낸 권총으로 오발 사고를 내는 바람에 소년원 신세를 지게 됐다. 그곳에서 피터 데이비스라는 음악 교사를 만났다. 코넷 연주법을 비롯한 체계적인 음악교육을 받아 밴드의 리더가 되어 소년원 밖의 공연에도 참가할 수 있었다.

그는 낮에는 노동일을 하고 축제가 있을 땐 거리를 돌아다니며 연주했다. 그는 마칭 밴드에 참가한 것을 계기로 재즈계의 거물, 벙크 존슨·키드 오리·버디 프티 등을 만나 연주 경험을 쌓을 수 있었다. 그는 운 좋게도 미시시피강을 오르내리는 선박의 선상 밴드의 일원이 되었다가 시카고로 진출하여 키드 오리 밴드의 코네티스트 자리를 차지했다.

루이는 밴드의 피아니스트 릴 하딘과 눈이 맞아 두 번째 아내로 맞아들였고 그녀가 그의 음악 인생에 많은 조언을 해 주었다. 아내의 권유로 뉴욕으로 진출하여 플레처 헨더슨 밴드의 단원이 되었다. 루이는 부드러운 음색의 코넷 대신 힘 있고 강렬한 음색의 트럼펫으로 바꿔 최고의 트럼펫 명인의 경지에 올라서는 계기를 마련했다.

그는 생애 동안에 네 번 결혼했다. 첫 번째는 1918년 데이지 파커와 세 번째는 1938년 알파 스미스를 아내로 맞아들였으나 모두 짧게 끝났다. 네 번째이자 마지막으로 루실 윌슨과 결혼, 그녀의 보살핌으로 여생을 편안하게 보낼 수 있었다. 루이는 트럼펫 연주 외에 타고난 가래가 끓는 듯한 목소리를 보컬로 취입한 것이 대성공을 거뒀다. 악기 연주보다 재담과 익살을 겸한 재즈풍의 노래가 크게 히트하여 명성과 돈을 한꺼번에 거머쥘 수 있었다.

일부 흑인들로부터 '백인들의 꼭두각시로 전락했다.'는 시샘과 비난을 받기도 했다. 그러나 그는 동요하지 않았으며 백인들이 방위군을 동원하여 흑인 아이들의 공립학교 등교를 막았을 때 강력하게 항의했으며 국무부가 후원하는 소련 연주 여행까지 거부했다.

루이가 부른 〈참 멋진 세상이야 (What a wonderful world)〉란 노래는 불멸의 명곡으로 추앙받고 있다. 그는 1971년 7월 6일 69세 때 심장마비로 이승을 떠나 집 가까운 플러싱 묘지에 안장됐다. 고향에 갈 때마다 강둑길을 걸으며 '오 횐더 쌩 고 마칭 인'을 흥얼거리며 루이 암스트롱을 만난다. Oh, What a wonderful world!

겨울 원두막

힘들게 구한 가정교사 자리에서 쫓겨났다. 밥 먹고 잠잘 곳이 없어졌으니 어머니 혼자 계시는 고향으로 돌아가야 한다. 기차 통학생은 새벽밥을 먹고 도시락을 챙겨 역으로 달려가야 한다. 아침 7시에 출발하는 통근열차를 타야 공부도 하고 친구도 만난다.

아이 둘을 가르치는 가정교사 일자리가 그렇게 좋은 것인 줄은 쫓겨나고야 알았다. 가르칠 것도 별로 없었다. 붙들어 놓고 복습과 예습을 시키면 성적은 그런대로 올라갔다. 성적이 오르면 보너스인지 팁인지가 나왔다. 나는 친구가 좋고 목롯집에서 마시는 막걸리가 좋아 아이들 가르칠 일은 자주 잊어버렸다. 보름 근무에 한 달 수고료가 나왔다. 나가 달란 무언의 압력이었다. 비 오는 날 오후 처벅처벅 비산동 때때말랭이 빗길을 걸어서 내려왔다.

책 몇 권과 칫솔이 들어있는 보따리 하나를 들고 청구대학 청구춘추사의 원일이(소설가 김원일)를 찾아갔다. "아 그래, 직장이 날아갔구나. 우야겠노. 돌체에 가서 막걸리나 한잔하자." 먹고 잠잘 곳을 잃어버린 친구에 대한 위로가 우선 막걸리 한잔이었다. "그래 술이나 한잔하자." 그날 나는 60리 밖 고향의 엄마 집으로 갔는지 안 갔는지는 기억에 없다.

돌체에서 막걸리 마시는 날은 '나 구활'은 원일이의 짐이었고 '잠잘 곳'은 술에 이어지는 원일이의 필수 숙제였다. 이 세상을 살아오면서 내가 타인의 짐이 된 경우는 원일이가 유일했다. 원일이는 그 짐이 무겁다거나 짊어지고 가기가 귀찮다는 소리는 단 한 번도 입 밖에 내지 않았다.

한 번은 둘이서 잠잘 곳이 마땅치 않았다. 그의 어머니가 밤늦도록 삯바느질을 하는 단칸방에 들어가 눈치를 살펴보았지만 아들은 몰라도 아들의 친구까지 재워줄 생각은 없는 듯했다. 그날 밤 우리는 청구대 학보사 야간 편집실로 사용하는 해방골목 창녀촌 단칸방에서 하룻밤 피곤을 풀어놓기로 했다. 그곳에서 술 마시다 통금을 피해 들어온 시인 도광의를 처음 만났다.

그렁저렁하다 겨울이 왔다. 원일이와 돌체에서 막걸리를 마시는 날들이 잦아졌다. 술값은 원일이가 몽땅 짊어졌다. "술값은 말이다. 학보사에서 받는 월급과 원고료가 들어오는 대로 조금씩 모아 두었으니 걱정할 것 없다."며 나를 안심시켰다. 하루는 "활아, 조금만 기다려 봐라. 술 마시는 날 잠자리도 쉽게 해결될 것 같다."며 나의 등을 두드려 주었다.

겨울 한 철 우리들의 하룻밤 숙소는 원일이 집에서 가까운 고교 동창 친구인 이동선(경북대 농대생)의 주택 2층 다다미방이었다. 그 방은 여름 원두막이지 겨울 온실은 아니었다. 사방이 모두 창문이었다. 바람이 부는 날은 노래를 부르지 않는 창문은 하나도 없었다. 어떤 놈은 농촌의 탈곡기 소리를 내기도 했고 또 다른 놈은 현악기 종류인 퍼거슨 같은 소리를 냈다. 또 있다. 바람이란 주자의 솜씨가 바뀔 때마다 하이톤으로 부르던 찬송가가 갑자기 엄숙하고 거룩한 저음의 주기도문으로 바뀌기도 했다.

우리는 하룻밤 여인숙인 '겨울 원두막'에서 들리는 창틀 공연을 '다다미 오케스트라'라고 불렀다. 겨울 유리창 틈새로 스며드는 매운바람은 콧등부터 얼어붙게 했다. 옛시조에 나오는 '명월은 눈 속에 찬데 어쩌구 저쩌구' 하는 호사스러운 고급 서사가 아니꼽게 느껴질 정도였다. 무거운 솜이불이 왜 이렇게도 따숩지 않은지 솜털공장 주인에게 욕을 걸러붙이고 싶었다.

초저녁부터 마신 술기운은 냉랭한 시린 바람이 죄다 실어가버렸다. 새벽이 되어 맑은 기운이 돌아오자 갑자기 이정화가 부른 〈봄비〉란 노래를 부르고 싶었다. "이슬비 내리는 길을 걸으면/ 나 혼자 쓸쓸히 빗방울 소리에/ 외로운 가슴을 달랠 길 없네/ 한없이 적시는 내 눈 위에는 / 빗방울 떨어져 눈물이 되었나/ 한없이 흐르네/ 봄비/ 나를 울려주는 봄비…" 마음까지 꽁꽁 얼어붙는 한겨울에 봄을 재촉하는 노래를 흥얼거리고 있으니 내가 꽤 멋있는 사람같이 느껴졌다.

또 세월이 흘렀다. 원일이는 군에서 제대하고 청도 이서중의 국어교사로 취직을 했다. 나도 ROTC 장교 복무기간을 마치고 빌빌거리며 돌아다니다 일간신문 수습기자 시험에 겨우 합격하여 견습을 마치고 사회부 기자가 되었다. 예나 지금이나 언론계 봉급 봉투는 얇은 게 특징이다. 출입처가 정해져 있는 외근 기자의 경우 '촌지'라는 관행이 있어 그렇게 궁상을 떨지 않아도 되었다. 입사 후 그리 오래되지 않아 고참들이 차지하는 최고 출입처인 대구 시청 출입 기자가 되었다.

토요일만 되면 청도에서 올라오는 원일이를 기다렸다. "이제부턴

술값은 내가 낼게.", "병아리 기자가 큰소리치네." 우리는 돌체와는 비교할 수 없는 고급 술집인 생맥주 홀을 드나들었다. 한세월 전에 동선이네 다다미방에서 너무 과하게 마신 막걸리를 창문을 열고 토해내던 그 시절을 추억하면서 "술값 걱정은 말고."라던 원일이가 새삼 그리워진다.

원일이의 막냇동생 시인인 원도가 스물다섯 나이에 숨을 거둬 요절문인 대열에 합류하고 말았다. 원일이가 한밤중에 급하게 전화를 걸어 왔길래 석양주에 취해 있었지만 달려가지 않을 수 없었다. 원일이는 갑작스러운 동생의 죽음 앞에 우왕좌왕하고 있었다.

미혼 총각의 장례는 예나 지금이나 화장한 후 유골 가루를 산천에 뿌리는 것이 관례다. 유골이 나오기를 화장터 창문 밖에서 기다리고 있을 때 동문 시인 클럽 총무가 "굵직한 뼈는 분쇄하지 말고 저희들에게 주시면 친구들 끼리 하나씩 나눠 갖겠다."고 했다. 죽은 이의 무릎뼈로 궤나라는 악기를 만들어 고인을 추모하는 인디오들의 발상처럼 천진스럽게 느껴져 "그러마."고 대답했다.

두 형제인 원일과 원우(소설가)와 내가 신발을 신은 채 금호강 아양교 밑 강물로 성큼성큼 걸어 들어가 원도의 마지막 흔적인 뼛가루를 강물에 띄워 보냈다. 강둑으로 올라와 보니 동인들의 모습은 보이지 않았다. 전해주지 못한 뼛조각들은 내가 수습하여 한지에 싸서 우리집 캐비닛에 넣어 두었다.

나중에 원도의 시를 CD로 한데 묶어 추모행사를 연다기에 토종 궤나 재료들인 굵은 뼈를 들고 모임에 나갔다. 모두가 떨떠름한 눈치였다. 박고석 화백의 부인은 남편이 보관하라고 건네준 이중섭 화백의 유골 가루를 뭔가 싶어 맛을 본 적이 있었다. 거기에 비하면 뼛조각을 겨울 한철 집에 보관하는 일은 아무것도 아니지.

궤나를 보관하면서 시 한 편을 썼다.

궤나 소리

궤나란 악기는 인디오들이
죽은 사람의 무릎뼈로 만든 피리다.
이승을 떠나버린 사람이
몹시 그리울 때 부는 슬픔의 악기다.

고향에 들를 때마다 가슴속의 궤나를
꺼내 하늘을 향해 분다.
그 소리는 어머니가 듣고 아버지가 듣고
먼저 가버린 친구들이 듣는다.

나 떠난 후엔 내 정강이뼈로
궤나를 만들어 부는 친구 하나쯤 있었으면.
저승 언덕에 앉아 내 뼈 궤나를
내가 부는 일은 없어야 할 텐데.

원일아, 우리도 마음 깊은 곳에 궤나 하나씩 숨겨 두자. 너 보고 싶을 때 내가 불고, 내 그리울 때 너가 불도록.

걸레스님 중광의 비상하는 학

우리 집에는 걸레스님 중광이 그린 남성의 성기 그림이 치부를 가릴 양으로 면벽 가부좌하고 서가 구석에 앉아 있다. 그림이 잘 있는지 궁금하여 돌려 보면 아직 수행이 모자라는지 풀기가 사그라지지 않고 빳빳하여 견성 성불할 가망은 도저히 없을 것 같다. 대구의 '멕시코'란 룸살롱의 큰 안주 쟁반에 매직잉크로 쓱쓱 그린 이 그림은 "너, 엿이나 먹어."라는 표정으로 온종일 염불 대신 욕이나 하면서 그렇게 앉아 있다.

어느 봄날, 시인 구상 할아버님이 전화를 주셨다. "응. 그래, 잘 있지? 이따 다섯 시쯤 동대구역에 내려 전에 갔던 한정식집으로 갈 거야. 퇴근해서 걸루 와." 할아버님은 무슨 행사에 참석하시기 위해 김수환 추기경, 조각가 문신 선생 내외, 그리고 중광스님과 함께 열차편으로 대구에 오셨다. 추기경님은 바로 교구청으로 들어가시고 남은 분들끼리 음식점으로 오셨다.

대구에선 필자 등 세 명이 참석, 오랜만에 반가운 안부를 주고받으며 반주를 겸한 화기애애한 저녁 식사를 즐기고 있었다. 그런데 중광스님만 뒤가 급한 사람이 화장실 문 앞에서 동동거리듯 안절부절 못하고 있었다. "스님 약속이 있어요? 왜 그리 조급증을 내세요?","그래, 임마. 빨리 끝내고 나가자."

걸레스님을 깃발처럼 앞세우고 멕시코로 진군했다. 술집 입구에는 묘령의 아가씨 보살이 스님을 기다리고 있었다. "아하, 그랬었구나. 스님의 불알에 요령 소리가 난 게 바로 이 보살 때문이었구나." 아가씨 보살은 대구 마산 간 고속버스의 승무원이었다. 요즘은 인건비를 줄이기 위해 안내양을 두지 않지만 그때는 비행기 스튜어디스보다 더 이쁜 아가씨들이 안내를 맡고 있었다. 일전에 스님이 마산에서 대구로 올라오면서 이 보살을 만났고, 당시의 눈맞춤이 오늘 결실을 이룬 듯했다.

"염불보다는 잿밥"이라더니 중광스님은 술과 안주는 거들떠보지 않았다. 오로지 옆에 앉아 있는 아가씨 보살에게만 관심을 기울이고 있었다. 술값을 내야 할 대구 사람들은 본전 생각이 간절했다. "스님으로부터 그림이라도 한 점 받아야 할텐데 –." 모두가 그렇게 생각하고 있었다.

이럴 땐 눈짓만이 최고의 언어였다. 내가 두 손으로 동그라미를 그리며 두께까지 정해 줬더니 주인은 사기 쟁반을 한아름 들고 와 스님 앞에 쌓아 놓았다. 그러나 스님은 우리의 바람을 속으로 짐작은 하면서도 시치미를 떼고 있었다. 그러면서 숨바꼭질의 술래가 된 듯한 왼손은 아가씨의 젖무덤을 더듬거리느라 보이지 않았고 매직잉크를 쥔 오른손이 쟁반에 황칠만 해대고 있었다.

슬며시 부아가 치민 나는 그 황칠 접시를 뺏어 대리석 바닥에 패대기쳐버렸다. 그때서야 정신이 들었는지 스님은 "저 놈이 사람 잡겠네"라고 한마디하고선 "그래, 무슨 그림을 그리면 좋을까."하고 자세를 곧추세우며 그림 그릴 준비를 하기 시작했다.

스님은 석가모니 얼굴에 예수의 가시 면류관을 씌운 그림을 H씨에게 그려주었고, K씨에겐 달마선사를, 멕시코 주인에겐 해바라기를, 그리고 접시를 박살 내버린 내겐 털이 숭숭 난 남성에 빳빳하게 풀을 먹여 "옜다."하고 나에게 던져 주었다. 내가 받은 그림이 가장 중광적이란 걸 받는 순간에 알아차렸다.

그 일이 있고 난 뒤 스님과 나는 석가모니와 가섭존자의 미소처럼 이심전심으로 통했는지 대구에 내려올 때마다 "아무도 부르지 말고 우리 둘이서만 마시자."라고 하여 술집 여기저기의 재미있는 구석만 찾아다녔다. 한번은 중앙파출소 옆 누드모델 출신이 운영하는 '코코'라는 카페에서 서라벌의 처용처럼 '카페 등불 밝기 다래 밤드리 노닐다'보니 밤이 너무 깊어졌다.

술기가 거나하게 오르자 스님은 그 카페의 주인처럼 행세했다. 내가 "이제 그만 마시고 숙소로 들어갑시다."라고 아무리 졸라도 막무가내로 버티었다. 스님은 내게 '먼저 가라'는 눈짓을 몇 번이나 하길래 무슨 일을 벌일 예감(?)을 모른 척하고 나와버렸다. 일은 그때부터 시작됐다. 카페주인이 스님에게 "영업시간이 끝났다."고 일러도 들은 척 만 척 하더라는 것. 그래서 주인은 밖에서 문을 잠그고 퇴근을 해버리자 스님은 긴긴 겨울밤을 혼자 갇혀 지내다 새벽녘에 겨우 풀려난 적도 있다.

스님은 대구에 올 때마다 "이건 너 줄려고 정신 들여 그린 거야."하며 춘화에 가까운 선화를 여러 장 주셨다. 그러나 마음에 들지 않아 친구들에게 나눠 줘 버렸다. 하루는 동아쇼핑 5층에서 〈걸레스님, 중광〉

이란 연극의 공연 전에 무대 인사를 해야 한다며 대구에 내려오셨다. "오늘은 진짜 마음먹고 한번 그려 보자. 어떤 그림을 그려야 까다로운 네 놈 맘에 들겠노?"하시며 전화로 내게 "미리 준비해 두라."고 얘기한 '히끼시'(배접을 미리 해 둔 화선지)를 빨리 꺼내라고 야단이었다.

스님은 소주와 맥주를 섞어 마시면서 그림을 그리기 시작했지만 마음먹은 대로 그림은 풀려나오지 않았다. 자정이 지나고 새벽 두 시가 넘어섰다. 무엇에 화들짝 놀란 듯 일어난 스님은 붓끝을 세워 한일자를 그리더니 다시 붓을 눕혀 바로 내려그었다. 그런 다음 아무렇게나 네 개의 점을 찍고 나니 한 마리 학이 비상할 준비를 하는 것 같았다. 스님이 포스트 칼라 붉은색을 학의 머리와 꽁지에 찍으니 영락없는 홍학이었다. "이제 됐어. 그림이 나오기 시작하는구먼." 어깨너머로 봐도 정말 걸작 명화였다. 스님은 연거푸 서너 장을 그리더니 "야 임마. 인제 맘에 드나?"라고 말했다.

어제는 하도 심심하여 서가에서 가부좌하고 있는 '쟁반 속의 남성'을 끄집어내 스님의 학 그림 밑에 앉혀 보았다. 그랬더니 학은 끼들끼들 웃으면서 바짝 물오른 남성을 다리 사이에 차고 중광스님이 좋아했던 여인들이 살고 있는 사바세계 저 너머로 날아가 버렸다. 이 세상에는 나만 혼자 남아 있다.

강릉 보헤미안 커피

초등학교 3학년 때 처음으로 커피를 맛보았다. 한국동란 직후 동네 앞 공설 운동장에 미군 전차부대가 들어와 우리들의 놀이터에 철조망을 쳐 버렸다. 얼굴색이 검은 미군들이 수시로 껌과 사탕을 던져 주었다. 때론 먹다 남은 레이션 깡통과 주스 가루가 들어있는 작은 봉지들을 철망 밖으로 내밀었다. 보릿가루로 찐 개떡도 배불리 먹지 못하는 판에 미군들이 주는 것들은 환장할 정도로 맛이 있었다.

그중에 작은 봉지에 들어있는 검은 가루는 맛이 쓰고 냄새가 지독하여 보기만 하면 냅다 던져 버렸다. 마침 양공주 누나를 둔 히데오라는 친구가 "야, 그건 커피라는 건데 설탕을 타서 마시면 맛이 좋다." 며 집으로 뛰어가 설탕 봉지를 들고 나왔다. 설탕을 구경한 적이 없었던 우리 또래들은 단맛 나는 사카린을 최고 음식이라고 생각하고 있던 그런 시절이었다. 샘물 한 바가지를 퍼와 커피와 설탕을 넣고 휘저었더니 그것 또한 맛이 신기할 정도의 해괴한 맛이었다. 커피와의 첫 만남이었다.

시골에서 태어나 문명의 산물을 만날 기회가 없었다. 중학 입시를 보기 위해 기차를 타고 대구 나들이를 처음으로 했다. 대학에 다닐 때까지 전화기를 쥐어 본 적이 없었다. 돈을 내고 마시는 커피는 대학 3학년 초에 처음으로 맛보았다. 소설 공부를 하던 문청인 친구와 함께 대구역 앞 KBS 공개홀 지하의 문화살롱에서 한 잔에 5원인가 하는 커피와 첫인사를 나눴다. 설탕을 넣을 줄 몰라 그냥 마셨더니 고향의 미군 부대 커피 생각이 났다. 맛도 없었지만 바로 위층의 서부 영화를 상영하는 KG공개홀의 입장료가 5원이었으니 커피값이 너무 아까웠다.

육군 소위로 군 생활을 하면서도 커피를 마셔 본 기억은 별로 없다. 퇴근하면 부대 상급자들과 어울려 막걸리를 마시러 다니는 재미에 빠져 다방 출입은 거의 하지 않았다. 그러다 의무 복무기간을 마치고 언론계에 발을 들여놓았다. 그곳 역시 퇴근과 동시에 술판의 연속이었을 뿐 커피를 마시며 음악을 듣는 동료는 아무도 없었다.

사회부 기자로 출입처에 나가면 만나는 사람마다 "커피 한잔 어때?"가 인사였다. 다방에서 가져온 커피는 설탕을 탄 것이어서 먹을 만했다. 그러나 아침마다 하루 일정과 보도자료를 알려주는 시장실에 가면 설탕을 넣지 않은 커피뿐이어서 내 입맛에 맞지 않을 때도 있었다. 여기저기를 돌아다니다 보면 하루 네다섯 잔의 커피를 마시는 경우가 많았지만 밤에 잠이 오지 않는 경우는 없었다.

그럭저럭 세월은 많이 흘러갔다. 그게 언제인지는 모르지만 점차 커피가 가까워지면서 술이 멀어지기 시작했다. 커피에 설탕을 넣지 않은 핸드드립 커피와 에스프레소를 즐길 정도로 변하고 말았다. 그뿐만 아니다. 겨울 복어회를 즐기기 위해 친구들과 함께 동해의 주문진을 거쳐 거진 쪽으로 코스를 잡으면 반드시 강릉으로 들어가 커피다운 커피를 마셔야 직성이 풀렸다.

사람이 살아가면서 삶을 멋있게 즐기려면 반드시 공부가 필요하다. 모든 취미활동은 물론이거니와 음식과 술 그리고 차를 마시는 데도 특별한 지식과 깊이 있는 법도를 체득해야 그 세계로 빠져들 수 있다.

커피도 생산지역과 종류는 물론 끓이는 방법 그리고 미세한 맛의 차이까지 어느 정도 감지할 수 있어야 '커피를 좀 마실 줄 안다.'고 말할 수 있다.

강릉에는 '보헤미안 박이추 커피 본점'이 가장 유명하고 많이 알려져 있다. 우리 팀은 보헤미안 쪽으로 가다가 길을 잘못 들어 첫 나들이는 실패하고 말았다. 두 번째는 월요일부터 수요일까지는 휴무인데 그걸 모르고 갔다가 또 허탕을 쳤다. 우리는 거리가 멀긴 해도 보헤미안 다음으로 많이 알려져 있는 시골 풍경 속에 자리를 잡고 있는 '테라로사'로 찾아가 과테말라 커피를 마셨다.

보헤미안의 주인 박이추는 우리나라 1세대 바리스타(서정달, 박이추, 박원준, 박상홍) 4명 중의 한 사람이다. 일흔이 넘은 그는 지금도 현역으로 뛰면서 하루 100잔 내외의 드립 커피를 직접 내려 손님들에게 내준다. 우리 팀은 그간 두 번이나 실패했음에도 불구하고 강릉 방면 여행길엔 보헤미안 커피를 고집하는 이유는 "커피를 내릴 때 무한한 행복을 느끼기 때문에 종업원에게 끓는 주전자를 맡기지 않는다."는 커피 장인의 그 말씀이 고맙기 때문이다.

어느 잡지에서 본 보헤미안 박이추가 내려준 커피를 마신 소감은 이러했다. "무거운 주전자를 탁탁 치면서 끓여준 한 잔의 커피는 무겁고 깊은 맛이 나는 차茶와 비슷했다. 그 깊은 맛 뒤엔 잘 익은 열매에서 우러난 깔끔한 신맛이 커피 맛을 잘 구별하지 못하는 사람의 무딘 감각을 깨우쳐 주는 것 같았다."

그날이 언제쯤 되려나. 슈퍼 바이러스인 코로나가 좀더 잠잠해지면 두 번이나 보헤미안 방문에 실패하고 이미 이승을 떠난 친구들에게 커피 소식을 전한 후 강릉 여행길에 올라야겠다. '신의 커피'라 부르는 '파나마 게이샤'를 우리가 평소에 즐겼던 500cc 생맥주잔에 내려 달라고 떼를 써 저승 친구들의 몫까지 내 혼자서 홀랑 마셔 볼 작정이다.

곽훈 화백 <고래 사냥>

트로트 열풍이 휘몰아치고 있다. 불과 몇 년 전까지만 해도 뽕짝이라며 따돌림을 받던 트로트가 국민들의 환호 속에 가장 좋아하는 음악으로 메인 스테이지로 올라섰다. 트로트는 마음이 끌리지 않는 음악이었다. 가사를 끝까지 알고 있는 노래도 없을뿐더러 모임 자리에서 트로트를 불러 본 적이 없다.

〈고래 사냥〉이란 노래는 좋아한다. 포크 계열의 록 음악인 이 노래는 우선 가사가 맘에 들었다. 사냥이란 낱말에서 향수 비슷한 게 느껴졌다. 젊은 시절 한때 십여 년 넘게 꿩 사냥에 미쳐 전국의 엽장을 누비고 다닌 것이 마음 한구석의 그리움으로 남아 있었나 보다.

> 술 마시고 노래하고 춤을 춰봐도/ 가슴에는 하나 가득 슬픔뿐이네/ 무엇을 할 것인가 둘러 보아도/ 보이는 건 모두가 돌아앉았네/ 자 떠나자 동해 바다로

〈고래 사냥〉이란 노래는 부를 수는 있어도 작살로 고래를 잡을 수는 없다. 1986년 국제적으로 포경금지협정이 체결되었기 때문이다. 나는 종종 바다의 고래를 그리워한다. 그럴 때마다 정일근의 시를 읽으며 그리움을 잠재운다. "보고 싶다는 그 말이 고래다. 그립다는 그 말이 고래다."

정호승 시인은 "푸른 바다가 고래를 위하여 푸르다는 걸 아직 모르는 사람은 아직 사랑을 모르지. 고래도 가끔 수평선 위로 치솟아 올

라/ 별을 바라본다./ 나도 가끔 내 마음속의 고래를 위하여/ 밤하늘 별들을 바라본다."고 읊었다.

내가 '바다의 고래를 그리워한다.'는 말은 말짱 거짓말이다. "고래고기가 먹고 싶다."고 말하면 될 걸 괜히 바다를 데려와 에둘러 표현한 것은 지능적 거짓말쟁이의 상투적인 수법이다. 고래고기는 맛이 있다. 밍크고래 수육을 소금이나 묵은지에 싸서 먹으면 희한하게 환한 맛을 느낄 수 있다. 남도 쪽 여행길엔 장생포의 할매집을 더러 드나든 적이 있다. 할머니는 잘 익은 멸치젓갈을 내주며 "뭐니 뭐니 해도 우네(뱃살)와 오베기(꼬리 지느러미살)는 여기 찍어 먹어야 제맛이야." 라며 대창과 콩팥과 같은 내장을 골라 주기도 했다.

고래에 심취한 화가가 2022년 초 조선일보 미술관에서 이중섭 미술상을 받은 기념으로 'Halaayt' 최신작 원시 고래잡이 풍경인 대작 14점을 전시한 적이 있다. 올해 81세인 곽훈이란 화가다. 그는 좀처럼 보기 힘든 북극해 연안에서 수렵에 종사하는 에스키모 원주민인 '이누이트(Innuit)' 들이 작은 조각배를 타고 나가 하늘로 솟구치는 거대 고래에게 작살로 맞서는 그런 광경을 그린 것이다. 소뿔에 찔린 검투사의 눈물처럼 안타깝고 짠하다.

그들은 고래잡이를 단순한 사냥이라고 생각하지 않고 거룩하고 신성한 의식이라고 믿고 있다. 가로 3m, 세로 2m인 대형 화폭 앞에 서면 추상화된 고래의 이미지가 처음엔 소용돌이치는 웅대한 기운으로 느껴지지만 나중에는 절대자에게 간구하는 간절한 기도 소리로 들린다.

칠흑 같은 밤바다에서 조각배에 의지하여 고래와 사투를 벌이는 장면들은 인간들이 바다보다 더 험한 세파에 의연히 대처해 나가는 은유를 표현한 것이다. 이누이트들은 몸집 큰 고래에 받혀 조각배가 뒤집혀 지면 선원 모두가 죽지만 고래를 잡지 못하면 가족이 굶어 죽는다는 것을 알고 있다. 화가는 이러한 절체절명의 상황을 고래 사냥이란 상징으로 설정하여 굴복하지 않는 인간의 모습을 흑백의 대형 화폭에 담은 것이다.

화가 곽훈은 서울대 서양화과를 나온 대구 출신이다. 그는 미국으로 건너가 초창기에는 광고사진을 붓질로 수정하는 일로 밥벌이를 했다. 곽훈의 고래 사냥 연작을 보면 가장 먼저 떠오르는 것이 미국의 소설가 허만 멜빌의 《백경(白鯨 Moby Dick)》이다. 이 소설은 미국 상징주의 문학의 최고봉에 오른 작품이다. 미국인들은 고교를 졸업하고 독립하기 위해 집을 떠나는 아들에게 선물하는 책이 바로 이 책이다.

어떤 상황에서 어떤 지혜로 살아가야 하는지를 여러 상징을 통해 대처해 나가는 방법을 알려주는 필독서이다. "고래야, 정복되지 않는 고래야, 그대를 향해 나는 돌진한다." 흰고래에게 다리 하나를 잃은 에이허브 선장이 모비 딕을 눈앞에 두고 절규하는 말이다.

《백경》의 작품 속 화자인 이스마엘은 살길이 막막한 빈털터리 청년이다. 집이 없고 직업도 없고 아르바이트 자리도 없는 요즘 우리나라 청년들과 비슷한 처지다. 그럼에도 절망하지 않고 무한 공간인 바다로 눈을 돌린다. 그는 크리스마스 아침에 포경선을 타고 바다로 떠난다.

이스마엘 그 녀석도 뱃전에 서서 가수 송창식의 〈고래 사냥〉을 목울대가 찢어져라 불렀으리라.

> 신화처럼 숨을 쉬는 고래 잡으러/ 우리의 사랑이 깨진다 해도/ 모든 것을 한꺼번에 잃는다 해도/ 우리들 가슴속에 뚜렷이 있다/ 한 마리 예쁜 고래 하나가/ 자 떠나자 동해 바다로/ 신화처럼 숨을 쉬는 고래 잡으러.

백수인 나도 이번 성탄절 쯤 작살 하나 들고 바다로 나가 볼까.

미군부대 PX 출신 박완서

소설가 박완서는 젊은 시절 미군 부대 PX 초상화 가게에서 일했다. 유명 화가 박수근이 옆자리에 앉아 있었다. 애초부터 소설가로 출발한 것으로 알고 있던 나의 무지가 기억 속의 어릴 적 미군 부대에 얽힌 두 가지 에피소드를 끄집어내 주었다.

한국동란 직후 내 고향의 공설 운동장에 미군 전차부대가 진격하듯 밀고 들어와 우리 놀이터에 철조망을 치고 출입을 막아 버렸다. 불과 몇 달 후 전세가 급박해지자 부대는 전방으로 떠났다. 그들은 변소 흔적을 모래로 살짝 덮고 떠나는 바람에 나의 한쪽 발이 빠지는 재수 없는 아이가 되고 말았다. 엄마가 짜준 모 양말을 내버릴 수가 없어 개울에 씻어 꼬챙이에 꿰어 걸어가는 귀갓길은 참으로 참담했다. 친구들에게 '똥꿀래'란 별명을 듣게 된 초등학교 3학년 때 일이다.

중학교 1학년 때인가. 엄마가 기차 통학하기가 힘들다며 대구 친척집에 하숙을 시켰다. 중3인 막내 형이 나의 주인이었다. 형은 수시로 "너, 돈 있제? 미군 부대 짬빵 사먹으로 가자."며 꾀었다. 짬빵은 미군들이 먹다 버린 음식을 한국 종업원이 잔반통에 모았다가 철조망 구멍으로 내다 파는 서러운 음식이다. 운 좋은 날은 씹다 버린 고기 모타리와 빵과 소시지 조각들이 섞여 있었지만 거의 태반은 꽁초가 떨어져 있는 국물뿐이었다. 논둑 밑 '움턱골'에서 먹으면서 내일도 오늘 같았으면 싶었다.

박완서도 젊은 날 우리처럼 구차한 삶을 살았나 보다. 그녀는 손님을 몰아오는 이른바 '삐끼'(유흥업소 입구의 호객꾼을 통칭하는 비속어)였다.

그녀는 PX 내 초상화 가게에서 인물화를 그리는 간판쟁이 화가 박수근, 도예가 황종례와 함께 근무했다. 시원찮은 미국말로 온갖 아양을 떨어가며 미군을 낚아 올리는 통역사 일을 했다. 하다 보니 거짓말까지 늘었다. 최고 예술가들이 그리는 초상화는 가보가 될 뿐 아니라 나중에는 값이 비싸진다고 둘러댔다. 당시에는 그 말이 거짓말이었지만 세월이 지나고 보니 그 말은 사실을 넘어선 금은보화였다.

당시 그녀는 서울대 국어국문과에 입학한 대학생이었다. 한국동란 무렵부터 학교를 그만두고 사고로 죽은 오빠 대신 생활 전선에 뛰어든 사회 초년병이었다. 처음에는 수줍음이 가로막아 말문이 열리지 않았으나 '입에 풀칠'이란 비상사태 앞엔 뻔뻔스러워져야 했다. 자존심이 상하고 인간의 존엄성이 훼손될 때마다 눈물을 삼켰다. 추한 우월감이라도 붙잡고 일어서려니 바닥까지 내려간 절망감을 도저히 이겨낼 수가 없었다. 그럴 때마다 주변 화가들에게 싸가지없이 대들고 못되게 굴었다.

나락의 밑바닥에서 뒹굴고 있는 박완서를 구해준 이는 옆자리의 박수근이란 간판쟁이였다. 그는 관전에서 입선한 그림이 들어 있는 자신의 화집을 가져와 그녀에게 보여 주었다. 입선작은 〈절구질하는 여인〉이었다.

평소에 행동도 조용했고 과묵했던 그가 박완서에게 왜 그 그림을 보여 주었는지 아무런 설명이 없었다. 그 뒤에도 그녀가 불평을 하든 다른 화가들에게 앙탈을 부려도 일체 말이 없었다.

나중 박완서가 쓴 자전 소설 《그 산이 정말 거기 있었을까》에서 그때의 상황을 이렇게 설명했다. "박수근은 간판 그림이나 그리는 환쟁이가 아니라 어엿한 화가라고 밝힌 까닭은 내가 겪고 있는 불행감에서 속히 헤어나게 하려는 그다운 방법이었다. 그가 나에게 베풀어준 배려는 언 몸을 녹여주는 따듯한 한 잔의 물과 같았다. 그날 이후 나는 내가 아닌 타인의 불행을 바라볼 수 있게 되었고 나의 불행이 불우한 시대를 함께 살아가고 있는 간판쟁이들에게로 번지고 있는 전염성을 억제할 수 있는 것 같았다"고 말하고 있다.

세월은 흘렀다. 박완서는 동화백화점에서 근무할 때 동료로 만난 측량기사 호영진과 결혼, 1남 4녀의 어머니가 되었다. 마흔이 가깝도록 글을 쓸 생각은 전혀 없었다. 1968년 어느 전시장에서 박수근의 유작전을 보니 미군 부대 PX 근무 시절에 봤던 〈나무와 두 여인〉이 걸려 있었다.

그 그림을 보는 순간 옛 동료와의 온갖 추억들이 되살아나면서 남들이 모르고 있는 에피소드들을 이야기하고 싶은 욕구를 주체할 수 없었다. 그래서 글을 쓸 결심을 굳히게 됐다. 처음엔 논픽션으로 쓰려다 진로를 바꿔 《나목》이란 제목의 장편 소설을 쓰기 시작했다. 그녀는 글을 쓴다는 사실을 자식들에게 들키지 않으려고 아이들이 학교에 가거나 밤중에만 썼다.

그녀는 원고지 1,200매 분량의 소설을, 습작을 거치지 않고 단 5개월 만에 탈고했다. 1970년 여성동아 장편 소설 공모전에 응모, 당선의 영광을 안았다. 소설 《나목》은 단순한 미군 부대 PX 초상화가들의 이야기가 아니다. 한국 문단과 화단의 큰 별들이 겪은 아기별 시절의 이야기다. 유전자는 속일 수가 없다. 박완서의 맏딸 호원숙은 수필가로 활동하고 있다. 박수근의 아들 성남은 공고에 다니다 3학년 때 아버지 유작전에 걸린 그림 앞에서 "저도 화가가 될래요."라고 다짐한 후 화가가 되었다. 박성남의 장남 진흥과 딸 인숙과 조카 천은규도 화가의 길을 걷고 있다. 미군부대 PX 초상화 가게가 가난한 이들에게 밥을 빌어먹게 한 곳이 아니라 우리나라 최고의 예술가를 길러낸 명당이었다.

반고흐 구두와 혜원의 삐딱 신발

반 고흐의 〈구두 두 짝〉 그림을 보면 내가 벗어둔 신발 같다.

대학 2학년 때 무거운 륙색을 지고 지리산 종주에 나섰다. 장거리 산행이어서 50원을 주고 산 중고 군화의 목을 잘라 간편한 등산화로 만들었다. 아뿔싸! 밑바닥을 뚫고 올라온 못이 발바닥을 찌를 줄은 미처 알지 못했다. 절굿공이 같은 차돌을 주워 두드려 응급조치를 했으나 안심할 정도는 아니었다.

고흐의 두 짝 구두는 모두 왼쪽 신발인데다 발목 길이는 각각 짧고 긴 짝짝이어서 그의 가난을 이 신발 그림으로 짐작할 수 있다. 나도 고흐처럼 홍수가 진 여름날 아침 고향 마을 앞 개울을 건너다 어머니가 사 주신 검정 고무신 한 짝을 떠내려 보냈다. 새 신발과 헌신짝 하나씩을 끌고 다니며 한 달을 버틴 적이 있다. 고흐 역시 생활비를 보내주던 동생 테오에게서 제때 돈이 오지 않아 왼 신발 한 짝을 오른쪽 발에 신고 야외 스케치를 다닌 그 불편함을 생각하면 고흐와 함께 듀엣으로 울고 싶다.

나는 초등학교 때부터 대학을 졸업할 때까지 제대로 된 신발을 신어 본 적이 별로 없다. 어릴 적엔 주변 친구들처럼 와싱톤이라 불렀던 운동화를 신어 보는 것이 소원이었지만 그건 이뤄질 수 없는 꿈이었다. 대학 시절엔 홍콩제 농구화를 한 번 신어 봤으면 하는 생각을 목구멍 깊숙한 곳에 숨겨두고 있었다. 누구에게도 발설 한 번 하지 못하고 군에 입대하여 군화를 신는 것으로 대체하고 말았다.

지금도 홍콩제 농구화를 살 수만 있다면 '영끌 정신'을 앞세워 대출을 받아서라도 꼭 사고 싶다. 내가 이 농구화에 필이 꽂힌 것은 당시 우리들의 아이돌 중의 한 사람인 미국 배우 안소니 퍼킨스 때문이다. 그가 어느 영화 잡지에 청바지 차림에 홍콩제 농구화를 신고 있는 모습을 보니 숨이 막힐 지경이었다. 그는 오드리 헵번과 〈녹색의 장원〉이란 영화에서 좋은 연기를 보여주어 우리들의 우상으로 군림하는 계기가 되었다.

공자 어른을 비롯한 옛 선비들은 '남들과 비교하지 말라.'고 했다. 그러나 인간이기 때문에 비교하지 않을 도리가 없는 것이다. 비교를 통해 깨우치면 좀더 나은 삶으로 나아갈 수있는 기회를 얻게 된다.

안소니 퍼킨스도 한두 꺼풀 벗겨보면 잡지의 표지처럼 통속하지만 나의 인생을 외롭지 않게 만들어 주지는 못했다. 멋진 농구화를 신은 안소니의 모습이 뇌리에서 사라지지 않고 있는 가운데 나의 신발을 내려다보니 이건 숫제 '처량한 남루'였다. 차라리 찢어진 왼쪽 신발 두 쪽을 신고 있는 반 고흐와 너나들이하면서 군화 바닥에 못이 튀어나온 이야기나 할 것이지 하필 안소니 퍼킨스를 불러와 이런 창피를 당하는지 나도 잘 모르겠다. 나를 드러내는 이런 구차한 얘기는 너무 시시하고 치사하다.

신발에 얽힌 정인들의 재미있는 사랑 이야기나 하고 넘어가자. 나는 서울 성북동의 간송미술관을 혜원 신윤복의 그림을 보기 위해 두어 번 가 본 적이 있다. 보고 싶었던 그림은 〈월하정인月下情人〉과 〈사시장춘四時長春〉이다. 〈월하정인〉은 '양인심사 양인지(兩人心事 兩人知 · 두 사람의 마음은 두 사람만 안다)라는 뜻을 그림 옆에 글씨로 써둔 멋진 그림이다. 그것은 달빛이 침침한 가운데 두 사람의 정인이 헤어지는 장면

이며 〈사시장춘〉은 아름다운 봄날(남녀 상열지사)이 영원하기를 바라는 춘화다.

이 그림들은 그냥 보기만 해도 재미가 있지만 그림이 가지고 있는 은유와 상징, 다시 말하면 어떤 암시를 해독할 수만 있다면 그보다 더 좋을 수가 없다. 〈월하정인〉은 애틋한 사랑과 이별을 멋지게 표현한 그림이다. 만나는 사람은 반드시 헤어지고會者定離 떠난 사람은 반드시 돌아온다去者必返는 〈법화경〉의 법구경을 여기에서 찾을 수 있다.

혜원은 떠난 이는 반드시 돌아온다는 법구경을 증명이라도 하듯 〈사시장춘〉이란 그림에서 헤어진 두 남녀가 방 앞에 벗어둔 두 켤레의 신발로 설명하고 있다. 섬돌이 아닌 방 앞 쪽마루에 벗어둔 붉은색 여자 신발은 가지런하게 놓여 있고 바로 왼쪽의 남자 신발은 무엇이 그리 급한지 삐딱하게 벗어두었다.

또 남자의 신발 색깔은 흑심의 상징인 검정색으로, 여자의 것은 붉게 달아오른 도화색으로 표현하여 무르익어 가고 있는 색의 향연을 은근하게 표현하고 있지만 고자라도 능히 짐작할 수 있는 풍경 한 토막이다.

〈월하정인〉은 숨어서 드러내는 비밀의 에로물이지만 〈사시장춘〉은 벗은 몸이나 괴성을 지르는 소리의 절정이 들리지 않아도 춘화의 핵심인 관음에 정점을 찍는 조선시대 최고의 명화 중의 명화이다. 오른쪽 배경인 가녀린 계곡에서 흐르는 물과 거뭇한 둔덕은 여체의 음부를 상징하고 있다. 또 싱싱하게 뻗은 소나무의 솔잎 기운은 불끈!이란 표현의 남자 아랫도리 에너지를 대변하고 있다. 쟁반에 술병을 받쳐 든 어린 계집종이 엉덩이를 뒤로 뺀 채 '들어갈까 말까'를 망설이고 있는 포즈는 오스카상의 조연 여우상 감이다. 이 그림은 음악 공연장에서 메인 보컬의 목소리는 들리지 않고 백 코러스와 백 댄스 무용이 빛을 발하는 공연을 본 것 같은 그런 느낌이다. 여관의 옆방에서 들리는 소리처럼 너무 재미있다.

벨라폰테 쿠쿠 팔로마

형체도 없는 바이러스가 고용하지 않은 수문장이 되어 현관문을 밤낮 지키고 서 있다. 찾아오는 이가 없다. 일가친척은 물론 친구들조차 발걸음을 끊고 있다. 사람이 오지 않으니 전화조차 뜸하다. 오고 가야 소통이 이뤄지는데 요즘은 너나 없이 만남이 없는 지겨운 삶을 살고 있다.

아니다. '아무도 오지 않는다.'는 것은 거짓말이다. 출입문은 아예 거들떠보지 않고 남쪽 창문 밖 에어컨 박스 위에서 서성거리는 손님 내외분은 하루도 빠짐없이 나를 찾아와 노래를 불러준다. 반가워서 창문을 열면 금방 달아나버리기 때문에 꾹 참고 노래가 그치기를 기다린다. 앙코르를 청하지 않았는데도 가사 한 줄 바꾸지 않고 계속 부른다. 쿠쿠루 쿠쿠 꾸르르.

쉽게 끝나지 않을 노래를 듣다 보니 그 속으로 빨려들어 나는 대학 캠퍼스 잔디밭에 앉아 친구들과 노래를 부르고 있다. 창문 밖 비둘기 손님이 부르는 노래의 제목은 해리 벨라폰테라는 미국 흑인 가수가 부른 〈Cucurrcucu paloma〉란 애절한 노래다. 그 노래는 사랑하는 연인을 떠나보낸 한 젊은 남자의 상심한 빈 가슴속에 비둘기로 돌아와 '사랑은 무엇이며 이별은 무엇인가'를 노래한 아주 슬픈 멜로디다.

그는 밤마다 울기만 했대, 밥은 먹지 않고 울기만 했대. 우는 소리에 하늘까지 온몸을 떨었대, 마지막 숨을 거두면서 그녀 이름만 불렀대. 아침이면 작은 문이 열려 있는 집에, 비둘기가 날아와 노래를 불렀대. 비둘

기는 그의 영혼이래, 그녀가 돌아오길 아직도 기다린대. 쿠쿠루 쿠쿠, 쿠쿠루 쿠쿠 팔로마

나는 그때 대학 2학년, 팝송을 좋아하는 친구 서너 명과 강의가 없는 시간에는 인문관 108호 교실 앞 풀밭에 모여 앉아 노래를 불렀다. 벨라폰테는 우리가 입학하기 전인 1959년 4월 19일 흑인 최초로 카네기 홀에서 열아홉 곡의 노래를 불러 청중을 열광시켰다. 곡목은 〈마틸다〉, 〈바나나 보트 송〉, 〈자마이카 페어 웰〉, 〈쿠쿠루 쿠쿠〉 등이었다.

벨라폰테는 1927년 뉴욕 할렘에서 태어났다. 그는 선조의 고향이 아프리카인 미국 흑인, 즉 아프로 아메리칸(Afro american)이다. 그는 60년대부터 미리암 마케바 등과 많은 공연을 했으며 영화와 드라마에도 출연한 엔터테이너이다. 벨라폰테는 흑인뿐 아니라 소수민족의 인권 보호에 관심을 갖고 백인들의 인종차별에 대항했다. 1986년엔 유니세프 친선대사를 지냈다.

그는 언어의 최고 자리에 있는 시詩보다 노래를 한 수 위의 경지로 끌어 올린 예술가다. 그가 부르는 노래는 그냥 어깨만 흔들며 듣고 즐기는 음악이 아니라 청중과 함께 놀면서 뛰고 고함지르며 춤추는 멋진 예술이다. 벨라폰테는 듣는 이들의 흥을 각각 다르게 불러내지만 정형화된 각본에 따라 진행하지 않는다. 그의 음악은 서양 음악인데도 우리의 육자배기나 판소리처럼 추임새가 들어간다. 그는 놀이판의 상황에 따라 흥과 춤을 소환하여 몸놀림을 흐느적거리게 만드는 신명

을 창출한다.

그것은 마치 건축가이자 민속학자인 속리산 에밀레 박물관장 고 조자용 스승님의 "춤은 배워서 추는 게 아니야."란 이론을 따르는 것 같다. 그가 부른 곡 중에 〈코튼 필드〉, 〈하바나길라〉, 〈성자 마을로〉, 〈라 밤바〉, 〈존 헨리〉 등을 들어보면 정치가 아무리 지랄 같은 개판이어도 이 세상이 왜 이렇게 아름다운지를 리듬과 소리가 가르쳐 준다. 벨라폰테의 노래는 모두 서양 각설이 타령같지만 비렁뱅이 거지 타령이 아니다. 현란한 채색의 클래식 음악 그 이상이다.

나의 대학 친구 중에 한쪽 다리가 약간 불편한 친구는 벨라폰테의 쿠쿠루 쿠쿠를 아주 구성지게 불렀다. 그 친구는 짝사랑했던 소녀에게 벼르고 벼른 끝에 고백 편지를 보낸 것이 퇴짜를 맞았다는 소문이 교실 안에 떠돈 적이 있었다. 그는 벨라폰테가 부른 이 노래의 주인공처럼 아프고 저린 가슴을 안고 불편한 다리를 원망하고 절망했으리라.

친구는 이 〈쿠쿠루 쿠쿠〉 노래의 중간 부분의 'juran que esa paloma' 라는 스페인어 가사를 원음대로 부르지 않고 '오랑캐 씨팔 놈아'로 변형시켜 불렀다. 사랑을 받아 주지 않는 소녀에게 앙갚음하는 발악처럼 느껴졌다. 친구의 짝사랑은 빗나간 열정이 몰고 온 한 편의 드라마지만 허허로운 가슴속에 사랑을 갈구하는 한 마리 비둘기를 보듬어 키웠으니 이 또한 얼마나 장한 일인가. 그는 오래 살지 못하고 일찍 죽었다.

아무도 찾아오지 않는 거실에 앉아 비둘기 내외가 부르는 쿠쿠루 쿠쿠를 생음악으로 듣는다. 한참 듣고 있으면 비둘기로 변신한 벨라폰테가 부른 노래이지 비둘기의 음유시 같은 노래가 아니다. 음악의 힘은 참으로 위대하다. 이러고 있으면 세월은 거꾸로 흘러 내가 대학생이 되어 쿠쿠루 노래를 부르고 있다. 이 아름다운 시간 속의 꿈에서 깨어나지 않기 위해 더 큰 소리로 노래를 부른다. “야이 야이 야이 야이 야이 깐타바, Ay ay ay ay ay cantaba, 노래하며 울었대. 노래하며 흐느꼈대”

벤다 빌릴리 한 줄짜리 깡통 기타

'벤다 빌릴리'는 아프리카 콩고 킨샤사란 도시에 있는 길거리 버스킹 팀의 이름이다. 소아마비 장애를 가진 4명의 아마추어 뮤지션들로 구성되어 있다. 목발이라도 짚고 걸을 수 있는 이는 상급이며 다리를 잃고 기어 다니는 이는 하급이다. 정상적인 노동활동을 할 수가 없어 궁핍과 남루의 빈한한 삶을 살면서도 음악이 있어 웃음 속에 즐거운 나날을 보내고 있다.

프랑스 기자 두 명이 가난한 나라의 음악 현장을 취재하러 이곳 킨샤사에 들렀다. 마침 길거리에서 목발과 깡통을 두드리고 손수 만든 북을 치며 알아들을 수 없는 콩고어로 노래하는 이색 음악팀을 만난 것이다. 기자들은 단발 치기 프로그램으론 멋질 것 같은 광경에 바로 카메라를 들이댔다. 동시녹음까지 하고 보니 이건 낚시꾼의 말마따나 잔챙이가 아니라 월척 대물이었다.

기자들은 미리 계획한 일정을 접어 두고 온종일 '벤다'팀을 따라다녔다. 그들의 고유 음악은 물론 기상천외의 재미있는 댄스와 놀이 그리고 장애인들의 운동 경기를 생생하게 취재할 수 있었다. '벤다'멤버들은 불편한 몸을 전혀 불편을 느끼지 않았다. 수족이 멀쩡한 사람들보다 더 날렵하게 움직이며 그들의 인생을 아름답고 유쾌하게 즐기고 있었다.

'벤다'팀원들이 즐기는 손으로 하는 축구 장면은 한마디로 감동이다. 선수들은 두 팔로 달리면서 공격과 수비를 빠르게 전환하면서 때론 키퍼 역할까지 해냈다. 또 멀리서 센터링한 공을 상반신을 벌떡 일으켜 헤드 킥으로 골을 넣는 장면은 묘기 중에서도 압권이다.

두 기자의 이름은 리노드 바렛과 플로렝 드 라 툴라예이다. 그들은 PD와 카메라맨 역을 맡아 꽤 긴 다큐멘터리를 완성하여 녹음에 들어갔다. 호사다마라더니 녹음 기간 중에 숙소에 불이 나 모든 촬영 재료가 타 버려 빈손으로 프랑스로 돌아갈 수밖에 없었다.

'벤다 빌릴리'의 놀라운 재능을 그냥 버리기는 너무 아까웠다. 이미 계획되어 있는 프로그램을 자비로 제작하기로 결정하고 5년 뒤 킨샤사를 다시 방문했다. 그들은 사통게(satonge)라는 폐깡통으로 만든 한 줄짜리 기타를 연주하는 천재 소년 로제 란두를 길거리에서 발견하여 '벤다 팀'에 합류시켰다. 그러고 보니 뭔가 비어 있는 듯한 왕관에 다이아몬드를 박은 것처럼 영롱한 빛이 찬란했다.

기자들은 동물원 야외에서 녹음한 음반을 들고 투어를 곁들인 공연을 하기 위해 유럽으로 떠났다. '벤다 빌릴리'는 음악 장비라야 깡통 기타, 낡은 트럼펫, 퍼거슨(현악의 일종) 외엔 가진 것이 없었다. 멤버들을 다시 끌어모은 기자들은 기적처럼 이룬 첫 번째 앨범 〈Tree Tree Fort (강인한 사람들)〉를 들고 유럽 대륙으로 들어갔다. 콩고보다는 훨씬 부유하게 살고있는 유럽 사람들이 '병신들의 난장 굿'같은 '벤다 빌릴리'의 공연을 어떻게 받아들일지 도무지 예측할 수 없었다.

'벤다' 멤버들은 난생처음 프랑스로 들어왔지만 모든 것이 낯설어 몸과 마음이 떨리기만 했다. 걱정은 기우였다. 벨포트유라켄 페스티벌에서 첫선을 보인 이들의 공연은 오슬로 월드뮤직 페스티벌, 글래

스톤베리 페스티벌, 월드뮤직 엑스포, 몬트리올 국제 재즈 페스티벌로 이어졌다.

막이 오르는 즉시 환희의 박수가 터져 나왔고 실황 방송을 본 세계 팬들은 매료되고 말았다. 평자들은 "벤다 빌릴리는 이 시대 아프리칸 뮤직의 최고봉이며 모든 사람의 차가운 마음을 녹일 수 있는 엄청난 힘을 가진 음악"이라고 말했다. 공연 이후 그들의 활동 무대는 유럽 전역은 물론 미국과 일본으로 넓혀져 월드뮤직의 슈퍼스타로 떠오르게 됐다.

그들이 벌인 노래와 춤판의 제목은 '저 너머를 보라'는 콩고어로 되어 있다. 킨샤사라는 곳은 소매치기, 무전취식, 폭행과 패싸움이 그치지 않는 하루하루의 삶이 전쟁과 같은 곳이다. '벤다'팀을 이끄는 리더는 길거리 무대에 서기만 하면 "지금 우리는 거리 구석구석에서 골판지를 깔고 자지만 머잖아 행운이 찾아올 것"이라며 살기 어려운 아이들에게 희망을 심어주고 있다.

사통게라는 분유통을 개조한 한 줄짜리 기타를 둘러맨 천재 소년 로제가 무대에 오르면 관중들은 기절할 정도로 고함을 지른다. 폐깡통 악기에서 나오는 높은 음계를 넘나드는 소리가 어찌 그리 맑고 아름다운지 요한 제바스티안 바흐의 〈G선상의 아리아〉가 깡통에서 나왔다고 착각할 정도였다.

〈순수한 자들과 저주받은 자들〉이란 영화 음악에서 가수 이기 팝이 들려주는 노래 가사가 이들의 행동을 대변해 주는 것 같았다. "순수한

자들은 늘 사랑으로 행동하고 저주받은 자들도 늘 사랑으로 행동하자. 그게 사랑이야."(The pure always act from love. The damned always act from love. That's love.)

나는 십여 년 전쯤 프랑스 기자들이 콩고에서 장애자 뮤지션들을 만나 다큐멘터리를 찍고 있다는 토막기사를 신문에서 읽은 적이 있다. 그 팀의 공식 명칭이 '벤다 빌릴리'이며, 찍고 있는 첫 앨범이 〈뜨레 뜨레 포르〉이며 두 번째 앨범이 〈Bouger le Monde〉(세계를 움직이는)라는 것을 기사를 통해 알고 있었다. 그 기사를 오려 수첩의 앞자리에 붙여두고 공연 실황 CD를 구하기 위해 온갖 곳으로 수소문을 하는 등 설레발을 친 것이 이미 오래전 일이다.

나라 형편이 어려워 가난의 굴레를 벗어나지 못하는 콩고의 실상을 알리기 위해 세계 무대로 나선 '벤디 빌릴리'팀에 영광이 있기를. 출연 배우인 로제 란두, 코코 남바리, 쿠바인 카베아, 레온 리카부, 폴린 키아라 메이지 등에게도 하늘의 축복이 내려지기를 간절히 빈다.

기차는 돌아오지 않았다

추억은 자란다. 나이만큼 성숙하고 키만큼 성장한다. 옛 기억들은 날이 갈수록 희미해져 날짜와 장소는 물론 자신의 행위까지도 잊어버릴 수 있다. 그러나 기억의 알맹이인 그리워하는 마음은 추억으로 숙성되어 술빵처럼 부풀어 오른다. 세월의 빠르기는 나이에 비례한다. 기억이 추억으로 변화되는 속도 역시 시간의 속도와 비슷하게 여물어지고 익어 간다.

연인은 떠나버릴 수 있지만 추억에겐 작별을 고할 수 없다. 추억회상작업은 희미한 옛일을 떠올려 그리움을 즐기는 단순한 놀이다. 추억은 옛날에 있었던 사실만이 아니라 세월이 지나면서 튀겨지고 부풀어져 아름다운 이야기로 윤색되어 있기 마련이다. 그래서 사람들은 너나없이 자신의 낡은 이야기들을 새롭게 채색해 가는 추억 놀이를 즐기고 사랑한다.

추억은 세월이 가면 갈수록 곰삭아 건더기가 남지 않는 까나리액젓과 같다. 마음 깊은 곳에서 끄집어낸 오래 묵은 기억의 토막들은 모두가 아름답게 치장되어 있다. 비겁하고 치사하게 저지른 과거까지도 스스로 용서하고 화해하면 추억의 차원으로 승화하게 된다. 그래서 '과거가 있는 여인'이란 말속엔 부끄러운 잘못이 내포되어 있지만 '추억을 간직한 여인'이란 말뜻 속엔 아련한 그리움이 어른거리게 된다.

나는 삶의 추억들을 수정하는 덧칠 작업을 수시로 수행한다. 그럴 때마다 쓰리고 아픈 음악을 들으며 함께 웃거나 울며 치유한다. 좋아하는 대표곡 중의 하나가 그리스의 성악가이자 가수인 아그네스 발차가 부른 〈기차는 여덟 시에 떠나네(To Treno Fevgi Stis Okyo)〉란 노래다. 이 곡은 그리스 출신 세계적인 작곡가 미키스 데오도라키스가 독재정권에 맞서 싸우다 산화한 친구를 애도하기 위해 만든 슬픈 곡이다.

그는 동족상잔의 내전, 나치 독일의 침범, 군부 쿠데타 등 한스러운 조국의 비애와 레지스탕스의 투쟁을 응원하는 가락이 곡의 곳곳에 숨어 있다. 그가 작곡한 음악은 1967년부터 연주가 금지되었으며 음반 청취까지 허용되지 않았다. 군부가 그를 군사재판에 회부하여 구속시킨 걸 보니 한때 우리나라 사정과 매우 흡사함을 느낀다. 이에 레너드 번스타인, 해리 벨라폰테, 작가 아서 밀러 등 유명 인사들이 구명운동에 나서 1970년 석방되어 프랑스 파리로 망명했다. 데오도라키스는 2021년 9월 2일 96세를 일기로 영면에 들었다.

이 노래는 전 세계인들이 좋아하는 명곡이지만 노래를 부른 가수도 빼어난 명인이다. 아그네스 발차(Agnes baltsa)는 그리스 네프카스 섬 출신으로 타고 난 애잔한 목소리로 사랑하는 레지스탕스 청년과의 이별의 서러움을 흥건하게 적셔낸다. 거기에다 그리스의 민속악기인 부주키(Bouzouki)가 가수의 등 뒤를 따라가면서 투쟁과 한을 버무린 듯한 정서를 잘 표현하고 있다.

카타리니행 기차는 8시에 떠나가네/ 11월은 내게 영원히 기억 속에 남으리/ 함께 나눈 시간 들은 밀물처럼 멀어지고/ 이제는 밤이 되어도 당신은 오지 못하리/ 비밀을 품은 당신은 영원히 오지 못하리/ 기차는 멀리 떠나고 당신 역에 홀로 남았네/ 가슴속에 이 아픔을 남긴 채 앉아만 있네

이 노래는 나치에 저항했던 청년이 만나기로 약속한 역으로 돌아오지 못하고 카타리니로 떠나버리자 애틋한 심정을 그린 연가이다. 연인을 만나지 못하고 떠난 청년의 가슴속엔 사랑보다는 나라의 안위가 더 중요했다. 청년은 끝내 돌아오지 못하고 적의 총탄을 맞고 숨진다.

그리스에는 〈나타샤〉라는 영화가 이와 비슷한 시기에 제작된 적이 있다. 나치에 항거하는 파르티잔이 되기 위해 기차를 타고 떠나는 청년의 뒤를 맨발로 쫓아가는 금발 처녀의 모습을 찍은 일품 영화다. 청년이 떠나버리자 나치 장교가 된 이웃 청년이 나타샤에게 사랑을 고백하지만 단호히 거절한다. 그녀는 구사일생으로 돌아온 연인과 함께 정전이 멀지 않은 어느 날 수색 작전에 뛰어든다. 청년은 나치의 총탄에 쓰러지고 나타샤만 목숨을 건져 고향으로 돌아온다.

아그네스 발차의 '8시 기차' 음악을 자주 듣고 즐기는 것은 내게도 그만한 사연이 있기 때문이다. 군에서 육군 소위로 근무하던 젊은 시절 휴가를 얻어 친구 둘과 고향 강변에서 군용 A형 텐트를 치고 캠핑을 하고 있었다. 마침 산책 나온 소녀와 어울려 막걸리를 마셔 가며 동요에서 유행 가요까지 알고 있는 노래를 죄다 불렀다.

그 후 3일 동안 우리는 오빠 집에 다니러 온 소녀를 기다렸고 그녀

역시 강물에 뜬 달구경을 핑계 삼아 캠핑 사이트로 찾아오곤 했다. 강변의 짝사랑은 단지 삼일, 소녀는 '내일 오후 4시 기차를 타고 떠난다.'고 했다. 소녀는 친구들이 헛눈 파는 사이에 아직 피지도 않은 청춘의 장미 한 송이를 던져 주었다. "역에 나와 배웅해 줄 수 있느냐."고 속삭이듯 말했다.

나는 레지스탕스 청년이 아닌, 다만 휴가 나온 군인일 뿐인데 기차역에서 이별의 주인공이 되다니. 요즘도 아그네스 발차가 부른 '떠나는 8시 기차'란 음악을 들을 때마다 내 의식은 기억이 추억으로 변해버린 강변으로 달려간다. 기차는 내 고향 하양역을 떠난 후 다시는 돌아오지 않았다.

민속학자 대갈 조자용

오랜만에 속리산 에밀레박물관에 들렀다. 대갈 조자용(趙子庸 1920년생) 선생은 보이지 않았다. "방금 여기 계셨는데." 부인(김선희 · 영시 전공 영문학자)의 말만 믿고 여기저기를 살펴봐도 보이지 않았다. 개집의 삐걱 문이 열리더니 빈 소주병과 북어포를 들고 선생이 거기서 나오셨다. "마누라가 무서워 새끼 밴 진돗개와 한잔했지."

육척장신 선생이 이날 보여준 개그는 평소의 위트와 새 타이어를 압축한 바로 그것이었다. "우리 보은 읍내로 나가지. 잘 익은 배주 막걸리에 옻순나물을 먹으러 오란 전화를 받았지만 나갈 구실이 있어야지. 잘 왔어, 타임리 히트야." 그날 밤 선생과 얼마나 많이 마셨는지 술 마시지 않는 친구를 운전기사로 대동하지 않았다면 목롯집에서 하룻밤 신세를 질 뻔했다.

선생은 하버드 대학원에서 구조공학을 전공한 건축이 본업이지만 민속학자, 문화운동가로 더 많이 알려져 있다. 조씨 성을 가진 선생의 호는 대갈(大渴 크게 목마르다는 뜻)이니 이 또한 유머의 극치다. 시옷을 생략한 조대갈 선생. 한때는 옹翁자를 파자하여 공우公羽란 호로 에밀레박물관 소식을 외부로 내보내기도 했다.

선생은 미국에서 돌아와 정동 미 대사관, 그레험 기념병원, 전주 예수병원, YMCA, 대구 계성학교 돔식 강당, 제중병원 등을 설계하고 건축하는 본연의 직업에 충실했다. 그러다가 순수 우리 전통문화에 빠져들어 앞서 말한 유머, 위트 그리고 해학과 풍자가 넘쳐나는 조선의 소박한 미와 강렬한 색채의 아름다움에 빠져 헤어 나오지 못했다.

나는 1980년대 초 신문사 선배와 함께 속리산 쪽에서 연말 휴가를 보낼 때 선생을 처음 뵈었다. 그때는 선생이 청구대 건축과 교수직을 그만두고 호랑이, 도깨비를 비롯한 우리 재래의 삼신사상에 관계가 있는 민화와 토속품 조각과 기와를 모아 연구 겸 정리를 하고 있었다.

그날 오후부터 선생을 모시고 법주사 주차장 부근의 목롯집에 자리를 잡고 마신 술이 새해 아침으로 연결되었다. 그 주점은 황토 바닥이었지만 선배와 나는 세배를 올리기 위해 맨땅에 선생을 앉게 하시고 큰절을 올렸다. "잠 한숨 안 자고 일박이일로 새해를 맞기는 처음이군." 하시면서 매우 흡족해하셨다.

밤샘 술을 마신 후 올린 큰절 세배가 선생님과 나를 사제지간으로 묶어주었다. 그날 이후 선생님은 나를 구두목이라 불렀고 나는 두령님으로 모셨다. 선생님이 생존하고 계실 동안 나에게 보낸 편지는 50여 통이 넘었고 사모님은 영문으로 쓴 근황 편지를 수시로 보내주셨다.

나는 살아오면서 존경하는 스승을 갖지 못했다. 스승을 모시려면 학문적 기초가 튼튼해야 하지만 공부보다는 산과 사냥 그리고 낚시터로만 돌아다녀 별로 아는 게 없었다. 새해 아침 선생님께서 멋모르고 용감하기만 한 천학비재한 나를 제자로 받아주심에 그냥 감지덕지할 뿐이었다.

선생님은 살아오시면서 겪고 저질렀던 이야기들을 수시로 해 주셨다. 그중에서 최고로 멋진 이야기는 부산에서 호랑이 병풍을 매입할 때 타고 간 지프를 팔아 모자라는 돈을 지불하고 호랑이 등짝에 올라탄 참새 한 마리를 둘러매고 기차 타고 서울로 돌아온 것이다.

선생님은 개천절 하루 전날인 10월 2일 에밀레박물관에서 해마다 국중대회를 열었다. 내로라하는 이른바 풍류객인 논다니 잡놈들이 전국에서 모여들었다. 오래전이어서 기억이 희미하지만 김금화 무당패, 김덕수 사물놀이패, 전라도 오돌또기패를 비롯, 여러 패거리들이 모여 노래하고 춤추는 이 세상에서 쉽게 볼 수 없는 진풍경 놀이판이었다.

어느 한 해는 "서울 인사동에 차 없는 날 한복 입고 모여라."는 두령님의 전갈이 내려왔다. 불국사 스님에게 빌린 승복을 입고 친구 둘과 함께 서울로 올라갔다. 인사동 거리를 걷고 있으니 할머니와 아주머니들이 내가 진짜 스님인 줄 알고 합장하고 절을 해대는 통에 부끄러웠지만 매우 재미있었다. 두령님이 무슨 깃발이 달린 장대를 넘겨주시길래 그걸 들고 밤늦도록 술 마시며 돌아다니다가 두루마기를 잃어버렸다 그 두루마기는 삼 개월 뒤 두령님께서 소포로 보내주셨다.

사제의 연이 맺어진 후 일 년에 몇 번씩 선생님을 뵈러 에밀레박물관으로 오르내렸다. 갈 때마다 손님들이 북적였다. 대접할 술도 모자랐고 아예 안주가 없었다. 선생님은 석간수를 담은 찬물 주전자에 뒷방에 숨겨둔 양주 한 컵을 부어 한지로 겹겹이 싸둔 청자 사발을 꺼내 한 잔씩 따라 주셨다.

그 술이 무슨 술인지 맛을 아는 사람은 아무도 없었다. 또 청자 술잔에 대한 강의가 이어지자 선생님의 구수한 입담에 혼이 빠져 손님들은 안주가 없어도 탓하지 않았다. "손님들이 내가 건 최면에 걸려든 거야. 비장의 술은 샘물 주전자에 시바스 리갈이란 양주 한 컵을 부은 것이며 청자에 대한 짧은 강의가 바로 안주였어." 선생님의 능청스러운 유머와 위트는 미국의 희극 배우 밥 호프 수준을 능가하는 것이었다.

어쩌면 막걸릿 집 맨바닥에서 큰절을 올리는 그 순간 조대갈 선생이 건 최면에 내가 걸려들었음이 분명하다. 선생님이 일흔넷 나이로 먼 곳으로 떠났어도 사모의 정은 더욱 깊어만 가고 있다. 내가 삼 개월 반을 작정하고 전국 문화유산답사를 다니는 아침 버스 안에서 선생님의 부음을 들었다. 아, 대갈 조자용 두령님! 꿈에라도 혹시 만나면 속리산 문장대에 올라 찬물 양주를 마시며 붉은 노을 구경을 함께 했으면.

포대령과 시인 구상

한 번도 만난 적이 없는 사람이 그리울 때가 있다. 포대령 이기련이란 군인이 바로 그 사람이다. 풍류를 아는 아웃사이더이자, 방랑이 몸에 밴 배가본드, 행려병자 신세로 드라마틱한 일생을 마친 진짜 멋쟁이다. 1916년 평안남도 출신으로 평양 고보와 경성제대 법과를 졸업한 육사 3기생으로 포병을 창설한 사나이다.

그는 1961년 1월 27일 밤, 술에 취해 약수동 고갯길에서 쓰러져 숨졌다. 몸에 지닌 증명서가 없어 7일 동안 거적을 덮어쓰고 누웠다가 수색의 행려사망자 공동묘지에 묻혔다. 7년 후 겨우 신원이 밝혀져 옛 전우, 동창, 친구들의 주선으로 경기도 양주군 구리면 선성리 음택으로 이장되어 비로소 영면에 들었다.

포대령은 금강산 신계사에 주석하고 있던 효봉선사의 장조카로 가문과 학벌도 넉넉했다. 영어, 불어, 중국어, 일본어까지 소통할 정도로 어학에 밝았다. 자유인의 기질을 타고나 어느 누구에게도 빌붙지 않았다.

맥아더 장군의 인천상륙작전에 포병부대 대대장으로 참가하여 평양에 입성했다. 그날 밤 기분이 좋아 술을 마시는 그를 보고 미 고문관이 "사방이 적인데 술을 왜 마셔."라고 투덜거렸다. "내가 지휘관인데 웬 간섭이야." 권총을 뽑아 고문관의 귀 옆으로 한 방 갈겼다. 그 길로 군에서 쫓겨나 대구 남문시장에서 배추 장사를 했다.

또 한 번은 1·4후퇴 때 피난민 틈에 적군이 숨어 내려오는 것을 보고 미고문관이 포병대장에게 무차별 포격할 것을 졸랐다. "자유 찾아 내려오는 동포를 죽이란 말인가.", "그래도 방어를 위해 쏴야지.", "야, 내가 지휘관이야." 그는 권총을 뽑아 쏜 것이 상처를 입혀 파면을 당했다.

군을 떠난 포대령은 구상 시인과는 1952년 어느 막걸릿집에서 처음 인사를 나눈 후 괴짜끼리 말을 트고 지내는 사이였다. 그런데도 군에서 쫓겨난 사연을 알리지 않고 있었다. 구상 시인은 수소문 끝에 포대령을 찾아 '말대가리 집'으로 자리를 옮겨 그간의 밀린 이야기를 전해 들었다. 그날 밤 화풀이 겸 술을 과하게 마신 후 고향인 평안남도 민요인 〈수심가〉를 영어 버전으로 불러제꼈다. 이 이야기는 구상 시인이 대구 시내 어느 목로주점에서 포대령 이야기를 해달라고 졸라대던 필자에게 해준 것이다. 포대령이 번역한 영어 버전은 아는 이가 없어 한글로 옮겨본다.

> 산천초목은 재봉춘인데, 우리 인생은 늙어만 가누나. 어느 일후 허성치 말구, 잘 살아 볼거나. 아헤야 양춘은 오고 가지 말아, 가고 다시는 아니 온다. 생각하니 세월 가는 것, 아연하여 어이 백년 살거나. 아 유정무정은 누가 냈나, 이별 잦아서야 난 못 살겠네. 나도 언제 유정한 사람 만나, 백년 동락을 할거나.

포대령은 육사 동기인 노재현 장군의 지원에 힘입어 우여곡절 끝에 복직하여 포사령관으로 근무하게 됐다, 이곳에서도 미 고문관 중령이

건방지게 굴었다. 가만히 있을 사람이 아니었다. "야, 이놈아. 고문관은 지휘관의 보좌관이야. 난 너보다 나이도, 계급도, 학별도 더 높다." 라고 고함을 지르며 45구경 권총을 거꾸로 쥐고 철모를 내려쳤다. 포대령은 군법회의에 회부되어 '실형 1개월에 형 집행 정지'라는 희한한 판결을 받았지만 현직은 유지할 수 있었다.

우리 육군 역사상 적군 묘지를 만든 군인은 포대령이 최초인 것 같다. 종군 군인 신분인 구상 시인이 포대령이 근무하는 수도 사단을 찾아간 적이 있다. 포대령은 산허리에 예닐곱 개 무덤을 파고 봉분 만드는 일을 감독하고 있었다. "왜 무슨 사고가 있었니?", "아니야. 인민군 시첸데 저승으로 잘 가라고 묻어주는 거야."

시인은 돌아와 〈적군 묘지 앞에서〉란 시를 썼다.

> 오호 줄지어 누웠는 넋들은 눈도 감지 못하였구나. 어제까지 너희의 목숨을 겨눠 방아쇠를 당기던 우리의 그 손으로 썩어 문드러진 살덩이와 뼈를 추려 그래도 양지바른 두메를 골라 고이 파묻어 떼마저 입혔거니. 죽음은 이렇듯 미움보다도 사랑보다도 더 너그러운 것이로다.(하략)

포대령은 문인 친구들에게 "장군으로 진급하면 막걸리를 배달하는 짐 자전거 앞뒤로 붉은 별판을 달고 출근할 거야."라는 말을 자주 했다. 그는 하늘에서 떨어진 신기한 인간임이 분명하다. 그러나 별판은 허락되지 않았다. 다만 괴짜 군인의 일생을 드라마틱하게 장식하기 위해 눈 내린 고갯길에서 영원 속으로 잠들게 했다. 원하노니 멋쟁이 포대령이 별판 자전거를 타고 "막걸리 마시러 가자."며 나를 찾아오는 그런 꿈이라도 한번 꾸고 싶다.

다산 정약용은 술을 마시지 않았다. 주량은 센 편인데 일부러 피했다. 공부에 방해가 된다고 안 마시고, 건강에 좋지 않다는 핑계로 술을 금했다. 단주 습관이 굳어져 못 마시는 척했지만 임금이 내리는 하사주는 동료 유생들과 함께 마실 경우 심하게 취하지는 않았다.

다산이 벼슬하기 전 중희당에서 세 번 일등을 하여 임금이 옥필통에 소주를 가득 부어 주었다. 감히 거절하지 못하고 마셨지만 약간 취기를 느꼈을 뿐 정신은 말짱했다. 춘당대에서 임금 앞에서 공부하던 중 큰 사발 가득 맛난 술을 하사받았다. 대취한 친구들은 곤드레가 되어 정신을 잃고 뒹굴었지만 다산은 그날 읽어야 할 책을 끝까지 읽었다. 그는 임금의 하사주 외에는 반 잔 이상을 마셔 본 적이 없는 '맹충이'다. 풍류학적 견지에서 보면 한마디로 '멋이 없는 사람'이다.

이 세상 삼라만상은 하나님이 만드셨다. 성경에 그렇게 쓰여 있다. 하나님의 외아들 예수는 갈릴리 가나의 혼인 잔칫집에 술이 떨어지자 여섯 동이의 맹물을 포도주로 만들었다. 다산의 주장대로 술이 그렇게 해로우면 하나님이 천지 창조 때 술을 만들지 않았을 것이며 예수 그리스도도 포도주 통이 비었으면 "사이다나 콜라를 마셔."라고 말하지 않았겠나.

다산은 유배지에서 막내 아들에게 보낸 편지에 이렇게 썼다. "너의 주량은 형의 배가 넘는다고 하더구나. 아비는 술을 많이 마신 적이 없어 내 주량을 알지 못한다. 술은 입술이나 혀에 적실 정도로 마셔야지 목구멍에 털어 넣고 얼굴이 붉어져 구토를 해대면 무슨 정취가 있겠느냐."

다산은 과음으로 인한 인체의 해독을 소상하게 설명하면서 "식견이 없는 폐족 집안의 자식이 술주정뱅이라는 이름을 얻는다면 조상을 욕보이는 일이다. 제발 천애의 애처로운 아비의 말을 따르도록 하여라. 술을 딱 끊고 마시지 말아라. 다산 초당에서 애비가 보낸다." 다산의 아들 학연과 학유는 아버지의 엄명에도 술을 끊지는 못했다.

조선조 선비 중 본받을 만한 선비는 개인적인 생각이지만 다산을 최고로 꼽고 있다. 그의 품성과 학문 그리고 타인을 대하는 인간미는 아무도 따를 사람이 없을 것 같다. 그러나 다만 한가지 인간으로서 어쩔 수 없이 체화된 풍류를 발산시키기 위해 술도 한 잔씩 마시고 더러 실수도 저지르는 모습을 보여 주었다면 더할 나위가 없이 좋았을 것이다. 다산은 무결점이 큰 결점이란 걸 모르고 평생을 간을 맞추지 못한 무맛으로 살았다.

이 연재물을 쓰면서 조선조 선비 중에 누가 가장 멋쟁이인가를 골라 뽑을 심산으로 명단을 작성한 적이 있었다. 여러 선비 중에 다산은 물론 화담 서경덕, 고산 윤선도, 서애 류성룡, 백사 이항복, 송강 정철, 일송 심희수, 백호 임제 등을 톱클래스에 올려 두고 비교해 보았다. 그러나 오랜 세월 동안 풍류학에 심취해온 필자의 잣대에 다산은 포함되지 않았다.

풍류의 3대 요소는 시주색詩酒色이며 보조 요건은 풍월수風月水라고 생각하고 있었는데 다산은 그 범주에 들지 않았기 때문이다. 전 과목

백 점을 받았지만 단 한 과목에서 영점을 받는다면 대학입시 관문을 통과할 수 없다. 천재 소녀 전혜린이 서울대 입시에서 수학 빵점을 받았으나 교수회의에서 난상 토론 끝에 간신히 통과한 적이 있다. 다산은 한두 과목이 빵점에 가까웠다는 사실을 이 글을 읽는 이들은 알아차렸을 것이다.

풍류를 즐긴 선비 중에 술을 즐기지 않은 사람은 눈에 잘 띄지 않는다. 술과 풍류는 바늘과 실처럼 서로 장단을 맞춰주어야 비로소 완성되는 묘한 물건이다. 선비 몇몇이서 최고 경지의 풍류에 대한 경합을 벌인 적이 있었다. 서애는 '술독의 술 거르는 소리'를 최고로 쳤고 백사는 '가인의 치마끈 푸는 소리'를 엄지로 꼽았다.

옛 중국의 문인 묵객들도 술에 대한 찬사에는 거침이 없었다. 〈귀거래사〉를 읊으며 고향집으로 돌아온 도연명은 동이에 가득 찬 술독을 끌어안고 어쩔 줄 몰라 했다. 소동파는 손님 둘을 청해 술과 안주를 가득 싣고 강에 배를 띄워 〈적벽부〉를 읊었다. 시의 달인 이백은 꽃밭에 앉아 달을 청해 술을 마시다가 자신의 그림자에게 술잔을 내민 풍류객의 대표 주자다.

조선조 세종 때 문도공 윤회와 학사 남수문은 임금이 총애하는 문장들이었다. 이름난 선비들은 글과 술이 서로 따라다녔다. 글이 능한 만큼 술도 말술이었다. 임금은 술이 그들의 재능과 건강을 해칠까 봐 어떤 경우를 막론하고 석 잔 이상 마시지 못하도록 엄명을 내렸다. 그들은 엄청 큰 술잔을 만들어 품에 품고 다니다가 술 마실 기회를 만나기만 하면 딱 석 잔만 마셨다. 임금은 석 잔을 마시고 대취하는 신하를 보고 "허허허" 하고 웃고 말았다.

냉혈한 조조도 "인생은 아침 이슬 같은 것, 술 마시고 노래하세. 근심을 잊게 하는 건 오직 술뿐일세."라고 읊었다. 그러나 다산의 생각은 달랐다. 술을 마시는 것은 맛을 보는 것이며 술을 못 마시는 것은 멋을 즐기는 것이었다. 이백의 시 〈기다리는 술은 오지 않고〉라는 술에 대한 예찬사를 읽어 보자.

> 푸른 실로 술병 끈을 매 주었건만/ 술 사가지고 오는데 어찌 이리 늦는가/ 산꽃이 나를 보고 웃으니/ 술잔 기울이기 딱 좋은 때인걸/ 동창 아래 저녁 술자리 여니/ 어지러이 날던 꾀꼬리도 다시 이곳에/ 봄바람 취객과 더불어/ 오늘이 제격이구나

송강이 사랑한 여인

이 몸이 삼기실제/ 님을 조차 삼기시니/ 천생 연분이며/ 하날 모를 일이란가/ 나 하나 점어 있고/ 님 하나 날 괴시니/ 이 마음 이 사랑/ 견줄 데 노여없다

데 가는 데 각시/ 본 적도 한 저이고/ 천상 백옥경을/ 어찌하여 니별하고/ 해 다 저문 날에 뉠 보러 가시난고

두 개의 가사 서두 부분은 조선조 가사 문학의 대가 송강 정철의 〈사미인곡〉과 〈속미인곡〉이다. 고등학교 2학년 때 고어古語 선생님이 "완벽하게 외어 오면 기말고사 성적 100점을 주겠다."고 말씀하셨다. 급우들 모두가 달라붙어 문장이 혀끝에서 떨어지지 않도록 '달달다알' 외울 정도가 되었다. 고어에 재미를 붙여 〈관동별곡〉과 〈성산별곡〉을 읽었으며 시조까지 섭렵하다 보니 송강을 존경하는 마음이 싹트기 시작했다.

문화유산에 눈뜨고 보니 송강에 대한 내 생각은 외눈박이 시각이었다. 서인이었던 정철은 '정여립 역모'에서 빚어진 기축옥사의 위관으로 임명되어 조사를 주도하면서 1천여 명의 호남지역 동인 인사를 죽이고 5백여 명을 귀양보냈다. 뚜렷한 증거가 없는데도 사적인 감정 때문에 반대 세력을 무자비하게 처단했다.

조선을 대표하는 문인 선비가 인간으로서 도저히 저지를 수 없는 잔학행위를 눈 한번 깜빡하지 않고 가문을 멸족시키기도 했다니 치가

떨려 말문이 막힌다. 이런 인간 이하의 사람을 내가 좋아하고 존경했다니 무지와 무식이 부끄러워 몸둘 바를 모르겠다. 정철의 우리 시가에서 이룬 공로와 명성만 생각하면 정치인의 모습은 보이지 않고, 임금에게 아부하여 권력을 휘둘러 수많은 사람의 목숨을 뺏은 것을 생각하면 시인의 모습은 보이지 않는다.

정철의 집안과 성장배경 그리고 교육환경을 두루 살펴보면 잔인하게 사람을 처형할 DNA는 물려받지 않았을 것 같은데 왜 그랬을까. 그는 1536년 서울 장의동(종로구 청운동)에서 태어났다. 큰누이는 12대 인종의 후궁, 작은누이는 계림군 이유의 부인으로 어릴 적부터 궁중 출입이 자유로워 동갑인 경원대군(훗날 명종)과 친하게 지냈다.

'권불십년 세불삼대'란 말이 있듯이 정철이 열 살 때 을사사화에 연루돼 집안은 풍비박산이 되었다. 2년 뒤 양재역 벽서사건이 터져 아버지는 유배됐고 맏형은 32세 나이로 귀양길에 곤장 독으로 사망했다. 정철 가족들은 조부의 묘가 있는 담양 창평의 당지산 아래로 거처를 옮겼다.

죽으라는 법은 없는 모양이다. 열네 살 정철이 순천에 있는 형을 만나기 위해 길을 걷다가 너무 더워 개울에서 목욕을 했다. 인근 언덕 위 환벽당에서 낮잠을 자던 나주 목사를 지낸 사촌 김윤제가 창계천 용소에 용이 놀고 있는 꿈을 꾸었다. 내려가 보니 그곳에는 용모가 출중한 소년이 멱을 감고 있길래 데려와 학문을 배우게 하였다. 그 소년이 정철이었다. 나중 외손녀와 혼인시켜 27세에 관계로 진출할 때까지 온갖 지원을 아끼지 않았다.

정철은 이곳 환벽당에서 살면서 임억령에겐 시를 배우고, 필암서원의 주인 하서 김인후를 비롯 양응정, 기대승, 송순 등으로부터 학문을 배웠다. 그 외에도 율곡 이이, 성혼, 송익필 등 선비들과 교류를 시작했다.

이와 비슷한 시기에 이런 이야기가 전해오고 있다. 정철이 형을 만나러 갈 때 남평에 있는 이발의 집에 들렀다. 여덟 살, 다섯 살인 이발 이길 형제가 장기를 두는데 정철이 훈수를 했다. 이발 형제가 "역적 놈의 자식이 왜 훈수를 하느냐."며 달려들어 턱수염 몇 올을 뽑아 버렸다. 정철은 형제에게 당한 수모를 잊지 않고 있다가 기축옥사 때 한풀이를 했다.

그는 동인의 선두주자였던 대사간(정3품)인 이발 형제를 정여립과 공모했다는 의혹을 밝히기 위해 심하게 고문을 받게 하여 죽게 만들었다. 82세 된 노모와 여덟 살 아들까지 고문으로 죽었으며 이발의 사위, 사촌동생 이급도 죽임을 당했다. 가족 모두가 잡혀갈 때 아들 원섭은 종의 아들과 옷을 바꿔 입고 달아나 진도 고군면 원포에 정착했다. 진도군 임회면에는 이발의 후손들이 도망 와 목숨을 부지한 피동避洞이란 마을에는 광산 이씨들이 집성촌을 이루고 있다.

광주 원산동에는 청년들의 과거급제를 축하하기 위해 북을 걸어두는 괘고유掛鼓柳란 600년 된 버드나무가 있다. 이발 집안사람들이 처참하게 죽자 이 나무도 말라 죽었다. 이발 형제의 신원이 복원되자 100년 만에 새순이 돋아나 광주시 기념물 24호로 지정됐다.

여색을 즐기지 않는 호걸이 없다더니 송강이 그랬다. 모함과 모반, 곤장과 유배, 징역과 사형이 판을 치고 있는 시국에도 로맨스는 그치지 않았다. 정철이 전라도 관찰사 시절에 자미紫微라는 기녀와 사귀었다. 그녀는 송강松江을 만나 이름을 송강의 이름을 딴 강아江娥로 바꾼 열렬 여성이다. "봄빛 가득한 동산에 자미화 곱게 펴/ 그 예쁜 얼굴은 옥비녀보다 곱구나/ 망루에 올라 장안을 바라보지 말아라/ 거리에 가득한 사람들 모두 네 모습을 사랑하리라" 송강이 강아를 위해 지은 시다. 그녀는 송강이 귀양 간 평안도 강계까지 찾아간 적도 있으며 송강이 사망한 뒤 묘소가 있는 고양시 신원동으로 옮겨와 살다 죽었다.

한편 정철이 49세 때 담양 고서면의 죽록정을 송강정으로 바꾼 정자는 낡고 허물어졌으나 후손들이 돌보지 않았다. 송강은 이곳에 살면서 〈사미인곡〉과 〈속미인곡〉을 지어 임금에게 바쳤으나 선조에게 버림받고 58세에 강화도에서 쓸쓸히 죽었다. 200년이 지나 후손 중 어느 누가 송강정을 복원했으나 손님 없는 국밥집처럼 국솥에 불은 꺼져 있었다. 왜 그럴까.

생텍쥐페리의 연인

그의 풀 내임은 앙투안 마리 장바티스트 로제 드 생텍쥐페리(1900. 6. 29.~1944. 7. 31. 추정)로 일주일쯤 외워야 기억할 정도로 길다. 흔히 생텍쥐페리라고 하면 주워들은 풍월로 아는체하지만 깊이 있게 아는 이들이 그리 많지는 않다. 그가 쓴 〈어린 왕자〉라는 소설이 워낙 알려져 유명세를 타는 원인이 되고 있다.

그가 어린 왕자를 통해 말한 '공자 말씀'(?)들 중에 몇 가지만 추려 보자. "네가 오후 4시에 온다면 나는 3시부터 행복해지기 시작할 거야.", "사랑이란 마주 보는 것이 아니라 같은 방향을 함께 보는 것이다.", "사막이 아름다운 건 어딘가에 오아시스가 있기 때문이다.", "내가 좋아하는 사람이 나를 좋아해 주는 것은 기적이다." 이 정도만 읽어도 생텍쥐페리의 소설 한 권을 읽은 느낌이다.

생텍쥐페리는 프랑스 리옹 출신으로 다카르에서 툴루즈까지 우편물을 항공수송하는 회사에 다녔다. 2차 세계대전 초기 공군에 입대했으나 프랑스가 독일에 점령되자 미국으로 망명했다가 3년 뒤 다시 고국으로 돌아와 공군 조종사로 근무했다. 그는 북서아프리카, 남대서양, 남아메리카의 항공로를 개척했으며 야간비행의 선구자로 활동했다.

그는 비행 경험을 바탕으로 〈야간비행〉, 〈남방 우편기〉, 〈인간의 대지〉 등의 소설을 썼다. 또 파리에서 사이공까지 최단 기록을 목표로 비행하다 사하라 사막에 불시착한 경험을 〈어린 왕자〉라는 작품으로 남겨 우리나라에서 120여 종의 번역서로 출간되었다.

생텍쥐페리는 무턱대고 용감한 구석이 많은 괴짜 말썽꾼이었다. 해군사관학교 입학시험에 낙방하고 1920년 전투기 연대에 들어갔을 때 이착륙 방법도 터득하기 전에 연습기를 몰고 하늘로 올라간 적이 있다. 교관은 “저놈은 천생 하늘에서 죽을 녀석이군.” 하고 혀를 끌끌 찬 적이 있었는데 그 말이 예언이 됐다.

그는 2차 대전 막바지인 1944년 7월 31일 오전 8시 45분 P38 라이트 정찰기를 타고 하늘로 날아올랐으나 돌아오지 못했다. 그날의 정찰 임무는 연합군의 대대적인 프로방스 상륙작전에 대비한 독일군의 경비 태세를 확인하는 중대한 임무였다. 그날따라 공중전이 치열할 때여서 생텍쥐페리의 비행기도 독일군의 대공포에 요격당해 희생된 것으로 보인다. 오랜 세월 동안 그의 사인을 밝혀줄 흔적들이 발견되지 않았다. 1998년 10월 마르세유 부근 작은 만에서 넙치잡이 어부 장 클로드 비앵코의 그물에 생텍쥐페리와 아르헨티나인 부인 콘수엘로의 이름이 새겨진 은팔찌가 발견되어 어렴풋한 사망 원인이 밝혀진 셈이다.

그는 끊임없이 연애를 하면서도 아내를 사랑한 독특한 이중인격자였다. 43세 때 기혼녀인 23세 적십자사 구급차 간호사에게 반해 실종 직전까지 15통의 편지를 보냈으며 넬리 드 보귀에라는 여성과는 연인 관계였다. 마담 M이란 여성은 귀족 남편을 둔 부자 사업가였다. 그녀는 남편을 제쳐두고 미남 조종사 주변을 맴도는 별난 바람쟁이였다. 그녀는 생텍쥐페리가 실종된 후에 그의 전기를 쓴 작가였다.

그의 아내 콘수엘로 순신 산도발은 엘살바도르의 재벌 가문의 딸이었다. 미국에 유학, 샌프란시스코에 정착하여 결혼했으나 2년 뒤 남편과 사별했다. 그녀는 멕시코로 옮겨 호세 바스콘셀로스란 교육부 장관인 진보주의 작가와 사귀었다. 호세는 콘수엘로의 마술 같은 매력에 끌려 연적과 결투까지 할 정도로 집착했으나 서로가 추억만 안고 헤어져야 했다.

그녀는 24세 때 파리에 정착했다. 매력이 넘치는 미모와 유머러스한 말솜씨로 파리의 예술계에 떠오르는 신성으로 이름이 알려지기 시작했다. 프랑스 주재 아르헨티나 영사이자 작가인 고메스 카리오를 두 번째 남편으로 맞았다. 그 친구 역시 1년 만에 불귀의 객이 되고 말았다. 콘수엘로의 팔자인지 아니면 음기가 너무 왕성한 탓인지 두 녀석 모두 삼루까지 진출하지 못하고 일루와 이루에서 아웃되고 말았다.

그녀는 두 번째 남편의 유산을 찾기 위해 아르헨티나행 여객선에 올랐다. 주변의 수다쟁이 아줌마들의 화제는 어느 멋쟁이 청년에 대한 이야기뿐이었다. 주인공은 아르헨티나 항공우편 회사 지사장으로 근무하는 생텍쥐페리였다. 여인들은 그 청년의 익살스러운 유머와 순진한 언동 그리고 잘생긴 모습을 먼발치서 보고 아랫도리를 설렁거렸다.

그녀는 며칠 뒤 어느 리셉션에 참석했다가 지루함에 지쳐 문밖으로 나가려는 순간 1m 88cm의 남자가 "가지 말고 앉아요."라는 말 한마디에 얼어붙고 말았다. 갈색 머리의 그 남자를 쳐다보니 키가 너무 커 얼굴은 보이지 않고 하늘이 보여 순간적으로 하늘 냄새가 나는 것 같았다. 그날 저녁 둘은 작은 비행기를 타고 강변의 하늘 위를 날았다. 그녀가 멀미를 하자 "혀를 내밀어요. 멀미약이 곧 멎게 할거요."라며 손을 꼭 잡고 약을 입속으로 밀어 넣어 주었다. "손이 너무 작아 아이 손 같네요. 이 손 영원히 내게 주세요.", "손없는 불구는 싫어요.", "이런 바보, 나는 지금 청혼 중이에요."

어린 나이에 두 번이나 과부가 된 여인을 세 번째 과부로 만들기 위한 작업은 이렇게 빨리 진행됐다. 그들은 14년 동안 부부로 살면서 이별과 재회 그리고 약속과 배반의 파란만장한 삶을 살다가 키 큰 남자는 시신조차 남기지 않고 영원 속으로 사라졌다.

프랑스 정부는 하늘로 사라진 그를 기리기 위해 1975년 발견된 소행성에 생텍쥐페리란 이름이 붙였으며 1998년에 발견된 소행성 주위를 돌고 있는 위성은 '쁘띠 프랭스'(어린 왕자)로 불린다. 프랑스 지폐에도 어린 왕자와 함께 그의 사진이 올려졌다. 죽을 때까지 '어린 왕자'로 살았던 그가 너무 그립다. 아! 정말 보고 싶다.

조지 거슈인 〈서머타임〉

조지 거슈인이 작곡한 〈서머타임(Summer time)〉이란 노래를 처음 들어 본 것이 대학 2학년 때로 기억된다. 입학하자마자 산악부에 가입하여 주말마다 훈련도장인 팔공산에서 살다시피 했다. 학생산악연맹의 행사가 있을 때마다 대학별 단위 산악부 회원들은 지정된 곳에 모여 일박이일간의 산행과 막영을 했다.

막영지에서의 밤 행사는 캠프파이어 주변에 둘러앉아 산 노래를 불렀으며 흥에 겨울 땐 유행 가요까지 걸판지게 불러제꼈다. 그러다 보니 산악회별로 경연대회가 벌어져 선수들이 자진해서 무대로 나와 노래 실력을 겨뤘다.

그게 언제인가는 기억이 가물가물하지만 경북대 의대에 다니던 친구가 무대로 나와 〈서머타임〉을 불렀다. 처음 듣는 노래여서 가사 중에 '아버지는 부자이고 어머니는 보기 좋은 얼굴이란'(Your daddy is rich and your ma is good-looking) 것 외엔 알아들을 수 없었지만 곡은 뭔가 모를 정도로 마음을 끌어당기는 묘한 매력이 있었다. 그보다는 그 친구가 허리를 젖혀가며 부르는 '서머 타임, 써어머어 타아이임' 이란 구절은 반할 만했고 기가 막히게 아름다웠다.

그다음 해인가. 서울신문사 주최 제1회 전국 학생 등산대회가 도봉산에서 열렸다. 캠핑 사이트에서 노래 경연대회가 열려 그 친구가 지난날 팔공산 자락에서 펼친 적 있는 〈서머타임〉을 들고 나가 청중을 압도하고 말았다. 그의 노래를 들은 산꾼들은 모두가 피뢰침 없는 영혼에 벼락을 맞은 것처럼 아둔해져 앙코르를 요청할 기력조차 잃은 듯했다.

> 서머 타임. 삶은 평온하지/ 물고기는 뛰고 목화는 잘 자랐지/ 오, 아빠는 부자고 엄마는 미인이라네/ 쉿, 아가야 울지 마렴/ 이런 아침이 계속되면 넌 커서 노래하겠지/ 넌 날개를 펼치고 하늘을 날 거야/ 아무도 널 해치지 못할 거야/ 엄마 아빠가 네 곁에 있으니까.

〈서머타임〉의 팬이 된 후로 지금까지 변함없는 애정을 쏟고 있다. 요즘도 심심하면 〈서머타임〉을 듣는다. 여름에도 듣고 겨울에도 듣는다. 겨울에 듣는 〈서머타임〉은 땡볕 해수욕장에서 듣는 '루돌프 사슴코'만치 재미있다. 이 노래를 부른 가수들은 엄청 많다. 재즈싱어인 엘라 핏제랄드와 루이 암스트롱, 갓난아기를 안고 부른 해롤린 블랙웰 등을 선두 주자로 꼽을 수 있지만 나는 마하리아 잭슨(1911~1972)이 부른 〈서머타임〉을 좋아한다. 그녀는 흑인 여성 특유의 풍부한 성량과 증기 기관차가 수증기를 뿜어내는 듯한 칙칙한 음색의 아우라는 사람을 미치게 만든다.

그녀가 1956년 앨범에 수록한 〈서머타임〉과 〈엄마 없는 아이처럼 느껴져(Sometimes I feel like motherless child)〉란 접속곡을 듣고 있으면 어린 시절 엄마의 젖꼭지를 물고 잠 속으로 빠져드는 그런 편안함을 느낄 수 있다.

흑인 노예의 후손으로 성장한 루이 암스트롱은 흑인 아이들이 처한 고통에 관심을 기울이지 못해 '명예 백인'이란 비난을 받기도 했다 그가 일흔 가까이에 이르러 '굿모닝 베트남'이란 노래 한 곡을 발표함으로써 그동안 받았던 조롱을 사후에 깨끗하게 씻어낼 수 있었다.

> 푸른 나무와 빨간 장미를 보며/ 파란 하늘과 흰구름을 보며/ 일곱 색깔의 아름다운 무지개와/ 울던 아이들이 자라는 것을 보며/ 스스로 되뇌는 말/ 이 얼마나 멋진 세상인가.(What a wonderful world.)

흑인인 마하리아 잭슨은 정규교육을 받지 못해 악보를 읽을 수 없었다. 가정부 세탁부 청소부 등 온갖 허드렛일을 하며 살았지만 어느 날 장례식에서 노래를 부른 것이 레코드 관계자 눈에 띄어 가스펠 가수가 되었다. 그녀의 목소리는 모진 고난을 감내하면서 체화된 것으로 온갖 설움과 가난 그리고 아픔까지 극복한 마음을 타인의 상한 가슴을 다독여 주는 신묘한 힘을 가지고 있다. 그녀가 부른 〈깊은 강(Deep river)〉과 〈우리는 승리하리라(We shall overcome)〉란 곡에는 그녀의 인생이 녹아 있음을 엿볼 수 있다.

조지 거슈인은 1898년 가난한 유대계 러시아 이민의 아들로 미국 뉴욕 브루클린에서 태어났다. 12세 때부터 피아노를 배워 악보 출판사에서 근무하면서 악보를 사러 온 고객들에게 연주를 통해 곡을 소개하는 일을 했다. 그는 18세 때 자신이 작곡한 노래를 처음으로 출반한 이후 39세로 세상을 떠날 때까지 무려 500곡이 넘는 노래를 작곡했다. 그의 대표곡은 〈Rhapsody in blue〉였으며 발표 연주회 당일 거슈인이 피아노 부분을 직접 연주했다.

이날 연주회엔 유명 클래식 음악가 몇 명이 참석했었는데 하나같이 깜짝 놀라 "현대 미국 문화의 참된 소리를 들었다."며 칭송을 아끼지 않았다. 이 음악은 미국 대서양 연안에 살고있는 흑인들의 슬픈 이야기를 다룬 오페라 〈포기와 베스(Forgy and bess)〉를 바탕에 둔 것이다. 거슈인은 이 곡을 쓸 때 흑인들의 재즈를 빼놓고는 이야기를 끌고 갈 수가 없어 자신도 흑인들의 거주지 찰스톤 부근에 살면서 그들의 음악과 생활 방식을 몸소 체득하여 작곡했다.

조지 거슈인은 음악에 빠져 건강을 소홀히 했다. 몸은 아픈데 병원에서도 병명을 알지 못했다. 머리카락이 많이 빠졌고 연주를 하다가도 정신이 멍해져 몇 소절씩 까먹기도 했으나 원인을 몰랐다. 머리가 쪼개질 듯 아파 병원으로 갔으나 의사는 스트레스 탓이니 과로하지 말란 말을 되풀이할 뿐이었다.

거슈인은 1937년 6월 말 스튜디오에서 일을 하다가 쓰러져 병원으로 실려 갔다. 마지막 노래는 〈우리 사랑은 여기 남아 있네〉였다. 그는 퇴원한 지 일주일 뒤 뇌종양 판정을 받고 절개수술을 받았지만 유언 한마디 남기지 못하고 음악이 있는 저세상으로 떠날 수밖에 없었다. 하늘나라에서 연주하는 거슈인의 〈서머타임〉을 한 번쯤 들어 봤으면.

자코메티의 숙명

"태어나고 걷고 떠난다." 알베르토 자코메티(1901~1966)가 조각으로 표현한 인간의 숙명을 간단명료하게 정의한 것이다. 스위스 출신 조각가 자코메티는 비쩍 마른 인간의 모습을 평생 동안 제작하다 환갑을 조금 넘기고 떠난 불우한 예술가다.

그는 성 기능 장애자다. 섹스의 즐거움을 모르고 살아온 그는 세상살이가 즐거울 리가 없고, 인간의 모습도 아름답게 보이지 않았을 것이다. 사무엘 베케트의 희곡 〈고도를 기다리며〉를 보면 두 명의 남자가 곧 올 것 같은 '고도'를 기다리지만 '고도'는 오지 않았으며 올 것 같지도 않았다. 그렇지만 그들은 기다림에 지쳐 앙상한 나뭇가지에 목을 매고 자살하려 했지만 죽는 일도 기다리는 일만큼 어려웠고 지루했다.

아일랜드 출신 베케트는 1961년 〈고도를 기다리며〉를 연극 무대에 올리면서 공연 무대 미술을 자코메티에게 맡겼다. 무대 장치는 기다리는 사람을 더욱 지루하게 만드는 앙상한 나무 몇 그루뿐이었다. 불과 일 년 전에 뼈만 남은 인간 모습을 형상화한 작품 〈걸어가는 사람〉을 제작한 자코메티는 '고도'를 기다리는 연극의 무대 장치를 잎이 무성한 건강한 나무들로 장식할 수는 없었을 것이다.

무엇을 기다리는 사람과 어디로 가야 할지를 모르는 사람들은 "수고하고 무거운 짐 진 자들은 모두 내게로 오라."는 예수 그리스도의 말씀을 듣고도 '내게'라는 정확한 위치를 몰라 무료하게 앉아 있거나 방황하고 있는 것이다. "주님, 어디로 가야 당신을 만날 수 있습니까,

오 주여."

자코메티는 스위스의 이탈리아 접경 지역에서 태어나 디에고와 부루노라는 동생들과 함께 성장했다. 그는 제네바 예술학교를 졸업, 파리로 가서 조각가 로뎅의 조수인 앙투앙 브르델 밑에서 조각 기술을 배웠다. 당시 파리의 예술계를 주름잡고 있던 피카소, 막스 에른스트, 호안 미로 등과 사귀면서 큐비즘과 초현실주의에 눈을 뜨게 되어 그들의 심미안을 자신의 예술에 접목시켜 한 단계 높은 경지로 올려세우게 된다. 그때부터 자코메티의 전매특허라 할 얇고 가느다란 조각상이 탄생한다.

자코메티는 자신이 빚은 조각상이 너무 가냘퍼서 쥐면 어스러질 것 같았지만 그것이 곧 인간의 나약한 참모습이라고 생각하고 살아 움직이는 조각을 만들고자 했다. 그는 삶의 정직한 만남이 고통과의 대면이라고 생각하고 그 조각들이 삶을 끌어안는 것이 바로 자신과의 만남이라고 여겼다. 자코메티는 인간의 죽음이 숙명인지 아니면 조각을 통해 극복해야 할 과제인지를 항상 고민하고 그걸 화두로 삼았다. 그는 화두를 푸는 키워드를 이 말로 대신하고 있다.

"아쉬운 것은 사람은 딱 한 번 죽는다는 것이지요. 다시 태어난다면 삶에 중요한 부분을 바라보는 시각이 바뀌겠지요. 저는 매일 죽고 다시 태어납니다. 제 조각들도 저와 똑같이 매일 죽고 다시 살아나는 경험을 반복하고 있겠지요."

자코메티의 조각들은 하나같이 마르고 비틀어진 모습이다. 그의 대표작으로 꼽히는 〈손가락으로 가리키는 남자(Man pointing, 1947)〉도 그렇고 〈걸어가는 사람(Walking man, 1960)〉도 그렇다. 숨도 제대로 못 쉴 것 같은 조각상들이 전자의 것은 경매가 한화 1,549억 원, 후자는 한화 1,190억 9천만 원이었다. 내 키보다 조금 작은 1m 80cm짜리 청동 사내의 몸값이 일천억이 넘는다니 내 몸에 청동을 끼얹어 조각 시장에 내놓으면 얼마를 받아야 할까.

어느 날 카페에 앉아 있는 자코메티에게 한 남자가 다가와 이렇게 말했다. "이 거리에서 당신을 종종 봤습니다. 지금 돈이 한푼도 없는데 제 술값을 대신 내줄 수 있을까요?" 그 남자는 유명한 장 폴 사르트르였다. 둘은 금 새 친구가 됐다. 여러 가지 주제로 이야기를 나누다 보니 프랑스 지성계 거물의 실존주의 철학을 자코메티가 흡수하게 된다.

2차 세계대전이 터지자 자코메티는 프랑스를 떠나 고향 스위스로 돌아갔으며 파리의 예술가들은 미국으로 탈출했다. 사르트르는 프랑스에 남아 레지스탕스 활동을 하며 나치와 싸웠다. 자코메티는 파리의 친구들이 하나둘 목숨을 잃었다는 소식을 접하고 그들과 함께하지 못했다는 죄책감에 사로잡혀 자기 파괴적 성향이 짙어졌다. 그 시기를 기점으로 자코메티의 작품 경향은 니힐리즘을 강조하는 말라비틀어진 허무의 표상 같은 조각상 제작에 심혈을 바친다.

이 시기에 만든 〈손가락으로 가리키는 남자〉는 갈 길이 뚜렷한 확신과 결의에 차 있다. 왼손으론 누군가에게 오라고 손짓하며 오른손은 어딘가를 가리키는데 그곳은 자코메티가 발견한 마지막 길이기도 하고 '분명한 갈 곳을 우리가 함께 걷자.'는 독려이기도 하다.

사르트르는 자코메티에게 실존주의 사상을 주입했지만 사르트르 자신도 자코메티로부터 인간 본질에 대한 탐구 방법을 배웠을 것이다. 그래서 사르트르는 "아무도 자코메티보다 멀리 갈 수는 없을 것"이라고 말했다.

자코메티는 조각상의 살점과 머리털 그리고 심지어 코털까지 깎아냈지만 인간이 태생적으로 짊어지고 있는 고뇌의 흔적은 지워내지 못했다. 자코메티를 만나고 싶다. 만난다면 내 키를 그에게 헌정하고 싶다.

제임스 딘의 청바지

배우 제임스 딘은 영화 〈이유 없는 반항〉에서 청바지에 리바이스 벨트를 매고 나왔다. 그가 주인공으로 나온 첫 영화 〈에덴의 동쪽〉에선 냉전 시대 미국의 고뇌를 온몸으로 연기했지만 두 번째 영화 〈이유 없는 반항〉은 형언할 수 없는 깊고 푸른 슬픔을 눈빛으로 연기한 최고의 명화였다. 그가 입었던 반항과 자유의 상징인 청바지가 아니었으면 젊은이들의 폭발적인 인기를 끌어낼 수 있었을까. 아마 불가능했을 것이다.

사람의 매력은 몸과 인물이 뿜어내는 아우라에서 비롯되는 것만은 아니다. 얼굴이 잘생기지는 못해도 미묘한 몸짓 하나, 목소리가 맑지 못해도 설득력 있는 음성, 눈물의 전주곡 같은 눈빛이 사람의 마음을 끌어낼 수 있다. 거기에다 자신의 개성에 어울리는 청바지나 두꺼운 천으로 만든 멜빵바지(Bib overalls)를 입거나 배우 더스틴 호프만이 즐겨 입는 미군용 야전 점퍼를 걸치면 멋이 줄줄 흘러넘친다.

청바지는 천과 디자인이 흔하고 단순하다. 특출하진 않고 대중적이지만 독창성이 있다. 청바지 애호가들은 다섯 가지 없음을 장점으로 내세운다. 청바지는 나이, 계급, 계절, 성별, 국경을 무시하고 누구나 입고 싶은 사람은 입고 즐길 수 있는 의상이다. 그러나 용기가 없는 사람들에겐 접근조차 허용하지 않는 옷이 바로 청바지다.

영화 〈이유 없는 반항〉에서 제임스 딘(애칭 지미)의 상대역으로 나온 여배우가 나탈리 우드였다. 청순한 미모의 소녀티를 겨우 벗은 18세 나탈리는 일곱 살 많은 청바지 청년 지미의 젖은 눈빛에서 뿜어져 나오는 화살을 맞고 홀딱 까무러치고 말았다. 지미는 애원하는 나탈리의 풋사랑을 본체만체 무시해 버린다. 그것이 그의 자존이자 권위였다. 나탈리는 '홧김에 서방질'하듯 스무 살 때 배우 로버트 와그너와 결혼해 버리지만 그게 불행의 디딤돌이 되고 말았다.

엘리자베스 테일러 다음으로 예쁘다는 평을 얻었던 나탈리를 걷어차 버리는 건방진 과감성이 제임스 딘의 매력인지도 모른다. 지미를 짝사랑한 여배우들은 엘리자베스 테일러를 비롯하여 섹시스타 메일라 누르미, 테리 무어, 멕시코 스타 케시 쥬라도, 수잔 스트라버그 등이 있었으나 지미가 진실로 사랑한 여인은 따로 있었다.

제임스 딘(1931년 2월 8일생)은 미국 인디아나주 마리온에서 태어나 재혼한 아버지와 함께 할리우드에서 살았다. 산타모니카 시립대 드라마 클럽과 UCLA대를 다녔으나 연기 수업은 명감독 엘리아 카잔이 설립한 액터스 스튜디오에서 갈고 닦았다. 지미는 약간의 시각 장애로 사물을 약간 흐릿하게 볼 정도였으며 곁눈질하는 습성이 있었다.

그는 배우로서 활동 기간이 불과 5년인데 〈에덴의 동쪽〉, 〈이유 없는 반항〉, 〈자이언트〉 등 단 세 편의 영화만 남겼다. 제임스 딘의 매력은 과연 어디에 있는가. 세계의 젊은이들은 말할 것도 없고 나이가 많은 꼰대들조차 청춘스타로 기억하는 이들이 부지기수다.

텍사스 남쪽 멕시코와 인접한 사막에 인구 2,000명인 마파(Marfa)라는 마을이 있다. 제임스 딘과 엘리자베스 테일러가 주연한 〈자이언트〉 촬영 기간에 묵었던 '파이사노'(Paisano) 호텔 부근의 당시 세트들이 예전 모습으로 관광객을 불러들이고 있다. 미국 LA 북쪽 산 위에 있는 기상대 마당에 있는 지미의 흉상 앞에도 그를 그리워하는 사람들을 만나볼 수 있다.

제임스 딘은 죽는 순간에도 못 잊을 연인이 있었다. 그는 지금도 그녀의 영혼을 가슴에 품고 애마 격인 포르쉐 550 스파이드 오토바이를 타고 달리고 있다. 연인의 이름은 배우 피어 안젤리(예명 안나). 아홉 살 때 어머니를 여읜 지미는 폴 뉴먼의 소개로 안나를 처음 만났다. 150cm의 작은 키에 섬세하고 고운 자태여서 지미는 "안나에게서 어머니의 그림자를 보았다."고 말한 적이 있다.

제임스 딘은 안나의 어머니께 결혼 의사를 밝혔으나 퀘이크 교도인 지미와는 종교가 다르고 한때 동성애 경험자라는 이유로 거절당했다. 안나의 어머니는 서둘러 가수 빅 데이먼을 사위감으로 정하고 사랑을 느끼지 못하는 딸을 떠밀다시피 하여 부부의 연을 맺게 했다. 안나와 헤어진 지미는 이 세상 모든 일들이 부질없이 느껴져 살맛을 잃고 있었다.

그러다 지미의 친구 둘이 교통사고로 이승을 떠나자 이렇게 울부짖었다. "너희들이 먼저 떠났구나. 그렇지만 이것이 마지막은 아닐 거야." 1955년 10월 15일 오후 5시 25분 제임스 딘은 해안도로를 달리다 마주 오는 포드 픽업과 정면충돌했다. 차체는 박살이 나고 지미는 청바지를 입은 채로 하늘나라로 올라가 초저녁에 강한 빛을 발하는 개밥바라기별 옆에 자리를 잡았다.

이 소식을 전해 들은 안나는 "내 사랑은 포르쉐에서 이미 죽었어. 나도 죽었어."라며 몇 날 며칠을 울면서 지냈다. 일본의 어느 미망인은 남편이 죽었을 때도 서럽게 울지 않았는데 지미의 장례식장으로 날아오면서 줄곧 울어 눈이 퉁퉁 부었다는 얘기도 있다. 안나는 빅 데이먼과의 사이에서 아들 하나를 낳아 키웠지만 남편을 사랑하진 않았다. 그렇다고 지미에게로 돌아갈 용기도 없었으며 결혼을 파탄낼 의지도 없는 무의미한 삶을 살았다. 1958년 12월 17일 남편의 정신적 학대를 이겨내지 못하고 헤어졌다. 제임스 딘을 죽음으로 몰고 간 교통사고는 피어 안젤리와의 이루지 못한 사랑 때문이란 소문이 그치지를 않았다. 안나도 39세 생애를 끝으로 제임스 딘 별 옆에 작은 별이 되었다. 초저녁에 더 반짝인다.

선유도에서 부르는 <Till>

선유도는 내 구미에 딱 맞는 섬이다. 1980년대 초반부터 지금까지 부지런히 드나들었다. 멋쟁이 여인이면 첫눈에 반할 수도 있지만 바다 위에 떠 있는 섬이 왜 마음을 붙들고 놓아주지 않는지 도대체 알 수가 없다. 섬에 빠져든 동기는 친구의 편지 한 통 때문이다.

> 친구야, 이곳은 동해밖에 모르는 우리에게 별유 천지야. 그곳에 가 보면 우물 안 개구리가 바로 우리의 모습이란 걸 알게 될 거야. 바닷물이 빠져나간 뻘밭은 맛나게 먹을 수 있는 온갖 갯것들을 무상으로 주는 선물 센터이기도 하다네. 뜻이 하늘에 닿는다면 맘에 드는 이곳 처녀와 결혼하여 원주민을 닮은 아기를 낳아 기르고 싶다네. 너도 한번 와 봐.

그때가 몇 년도인지 기억은 없지만 가수 고 박경애가 〈곡예사의 첫사랑〉이란 신곡을 발표한 그 해였다. 나의 선유도행도 늦여름 출발이어서 뱃길이 막혀 버려 마음만 띄워 보낼 수밖에 없었다. 이듬해부터는 바캉스 시즌에 맞춰 들어가 사나흘 정도 머물면서 섬 곳곳을 트래킹하면서 여름을 즐겼다. 선유도의 한자는 신선 선仙자와 놀 유遊자인데 풍류학을 공부하는 일개 서생書生으로 이만한 배움터를 만나는 것 자체가 분에 넘치는 호사였다.

'선유 풍월' 초창기 몇 년 동안은 군산에서 여객선을 타고 들어갔으나 관광객이 많아지자 부둣가에서 유람선이 코스별로 내왕하기 시작했다. 또 몇 년 지나니까 새만금에서 엄청나게 긴 다리가 신시도를 거쳐 무녀도, 장자도, 대장도, 관리도로 연결되어 섬들이 이웃으로 변모했다.

나는 요즘도 겨울에 앉아 서해 끝자락 선유도를 생각할 때마다 행복에 겨워진다. 며칠 전에는 공광규 시인의 〈수종사 풍경소리〉란 아름다운 시편을 읽다가 선유도를 떠올렸다.

> 양수강이 봄물을 산으로 퍼올려/ 온 산이 파랗게 출렁일 때/ 강에서 올라온 물고기/ 처마 끝에 매달려 참선을 시작했다/ 햇살에 날아간 살과 뼈/ 눈과 비에 얇아진 몸/ 바람이 와서/ 마른 몸을 때릴 때/ 몸이 부서지는 맑은 소리.

선유도 대봉리의 대봉(152m)에 올라가면 섬의 전경이 한눈에 내려다보인다. 이런 아름다운 꼭대기 밑 7부 능선쯤에 양평의 수종사 같은 절집이 똬리를 틀고 앉아 바람이 일렁일 때마다 처마 끝의 풍경이 푸른 소리를 내고 있으면 얼마나 좋을까.

어느 해 여름에는 산악인 다섯 명이 선유도 남쪽 끝머리에 있는 어부 집에 민박하면서 좀처럼 가기 힘든 관리도 벼랑 바위로 기어 올라가 자연산 홍합과 조개를 한 빠케쓰 따왔다. 그곳의 홍합은 손길이 미치지 않아 씨알이 굵고 알갱이는 붉은 색깔들이 엄청 진해 맛이 아주 좋았다.

선유도의 또 다른 명물은 선착장에서 마을 안길을 따라 5분쯤 걸어

가면 명사십리에 이른다. 길이 1.5km에 이르는 천연 해안사구 해수욕장으로 백사장이 맑고 투명하여 맨발로 뛰어다녀도 걸리적거리는 것이 없다. 명사십리에서 남악리 쪽으로 가다 보면 진안 마이산의 마이봉을 닮은 망주봉望主峰을 만난다.

망주봉은 옛날 이곳에 귀양 온 벼슬아치가 임금을 그리워하면서 이곳에 올랐다는 두 개의 바위산이다. 조선조 선조 때 송강 정철도 사미인곡과 속미인곡을 지어 임금에게 아부한 것과 맥을 같이한다. 예나 지금이나 주군에게 잘 보이기 위해 가사를 짓거나 피아노를 치면서 "달(Moon)의 성정을 닮았다."는 둥 어쨌다는 둥 아첨을 떠는 것을 보면 먹은 음식이 소화가 안 될 지경이다.

〈사평역에서〉란 명시를 쓴 곽재구 시인은 이곳 선유도에서 "섬과 섬 사이/ 새가 날아갔다/ 보라색 햇살로 묶은/ 편지 한 통을 물고/ 섬이 섬에게/ 편지를 썼나 보다"라고 읊었다. 시를 읽다 말고 선유낙조를 놓칠 수가 없어 해변 언덕에 올랐더니 섬들의 실루엣이 뭐라 뭐라 수군대며 장려한 황금빛을 뿜어내고 있었다.

바다는 검은 장막이 서서히 내리는데도 옹알이하는 아이처럼 칭얼대는 멋진 밤이었다. 갑자기 술 생각이 나기 시작했다. 선유의 명물 서대회를 안주로 소주를 마셔보니 세상이 얼마나 아름다운지 무슨 주접을 떨어야 이 분위기를 맞출 수 있을지 모르겠다.

술은 노래를 불러내는 열쇠인 줄 누가 모르랴. 패티 김의 〈틸(Till)〉이란 노래가 저절로 흥얼거려졌다. 사랑이야 영원하든 말든 술 마시며 노래하는 인생이 즐겁기만 하다.

Till, 푸른 밤하늘에 달빛이 사라져도 사랑은 영원한 것, Till, 찬란한 태양이 그 빛을 잃어도 사랑은 영원한 것, 오! 그대의 품 안에 안겨 속삭이던 사랑의 굳은 맹세, Till, 강물이 흐르고 세월이 흘러도 사랑은 영원한 것.

알람브라 궁전의 추억

〈알람브라 궁전의 추억〉이란 음악은 불국사의 서인 스님이 맨 처음 내게 들려주었다. 젊은 시절 내내 팝에 심취해 있던 내게 이 곡은 새로운 세계를 겨우 들여다보게 해 주는 등잔불 같은 존재였다. 세 개의 손가락이 튕겨내는 트레몰로 기법의 기타 연주는 감미로웠고 미칠 듯이 아름다웠다.

서인 스님은 해병대 대령 출신으로 속세의 삶을 미련 없이 버리고 불가에 귀의한 특이한 사람이다. 키 크고 잘생긴데다 영어·일어도 능통하여 불국사의 교무란 직책으로 외국 내빈들의 의전과 통역을 담당하고 있었다. 승려로서 경전 염불에 대한 지식과 실행은 어느 정도인지 내가 가늠할 수는 없지만 음악과 라틴 댄스에 대한 견해와 실기 능력은 상당한 수준인 것 같았다.

경주 시내 길가에서 처음 만난 우리는 오래전부터 영혼이 만난 적이 있었던 것처럼 힘찬 허그(hug)를 나누고 친해지기 시작했다. 며칠 뒤 불국사로 올라가 온통 나물뿐인 절밥을 먹고 스님의 방에서 커피를 마시며 LP 판에서 흘러나오는 음악을 들었다. "녹차가 아닌 웬 커피를 마셔요.", "멋진 음악에는 커피가 어울리는 법이지." 그때 들었던 음악이 〈알람브라 궁전의 추억〉이란 곡이었다.

알람브라는 이베리아반도 무슬림 왕조의 마지막 왕인 나스르의 궁전이다. 궁전은 1238년 착공, 1391년 완공된 이슬람 최후의 방어를 위한 시설 중의 하나다. 이 터전 안에는 궁전과 정원, 모스크(예배소), 병영, 작업장 등을 갖추고 패망하기까지 200여 년을 버티며 찬란한 문화를 꽃피운 곳이다. 천주교 세력에 밀려 아랍인들이 물러간 후 궁전터는 폐허로 변해 집시와 부랑자의 소굴로 방치되어 있었다.

알람브라가 아름다운 성채로 재탄생한 것은 미국의 소설가 워싱턴 어빙이 쓴《알람브라 이야기》란 소설 때문이다. 작가는 그곳을 면밀히 둘러보고 궁전터의 과거와 현재를 비교하여 그곳에서 받은 감명을 장문의 소설 형식으로 세상에 알린 것이다.

이에 충격을 받은 스페인 정부는 궁전터 복원에 나서 보존할 것과 버릴 것을 정한 후 말끔히 정리하기에 이르렀다. 궁전 혁신 작업이 끝나자 산티아고 루시뇰이란 화가는 여름 별궁 헤네랄리페 정원에서 맞은편의 붉은색 알람브라 궁전에 햇살이 스미고 있는 광경과 그림의 배경인 그라나다 구시가지를 조곤조곤 얘기하듯 그려냈다. 이어 그라나다 출신 천재 시인 로르카는《인상과 풍경》이란 첫 산문집에 그라나다를 아름답게 묘사했다. "새벽빛이 찬란하게 퍼져 나가자 알람브라의 오랜 탑들이 빨간 별처럼 빛나기 시작했다. 언덕 위의 하얀 집들은 붉은 상처처럼 물들고 태양이 불의 노래를 부르면 온 세상이 숨죽인 채 귀를 기울인다." 알람브라가 품고 있는 풍경은 소설가가 실상을 파헤치자 화가가 달려들어 그림을 그려내고 드디어 시인은 아름다운 산문으로 추임새를 넣었다.

서인 스님에게서 연락이 왔다. "본 지가 한참 됐네." 스님은 〈아드린느를 위한 발라드〉를 듣고 있었다. 지난번엔 승방에서 커피를 마셨는데 이번에는 예쁜 사각 병에 들어 있는 술 한 병을 끄집어냈다. "친구들과 마셔 봐. 내가 제일 좋아하는 I. W. Harper라는 버번위스키야." 스님이 내준 위스키 한 병이 계기가 되어 나도 버번위스키의 단골 팬이 되고 말았다.

예술은 한통속인데 소리가 가만히 있을 수는 없는 일이다. 스페인의 작곡가 마누엘 드 파야는 스페인 민속 음악의 리듬과 선율을 모체로 〈7개의 스페인 민속 가곡〉, 〈피아노를 위한 네 개의 스페인 곡〉 등을 프랑스에서 작곡한 적이 있다. 그는 스페인 음률에 심취해 있었지만 한 번도 알람브라가 있는 그라나다에 가 본 적은 없었다. 그는 화가 루시뇰이 그린 헤네랄리페 정원에서 알람브라 궁전을 그린 '스페인의 정원'이란 시화집을 보고 영감을 얻어 이 곡을 작곡한 것으로 보인다.

안달루시아 지방에는 예술혼 격인 '두엔데'(duende)란 낱말이 있다. 이는 고통의 신비 속에 묻혀 있는 아련한 슬픔이기도 하고, 아픔 속에서 느끼는 행복한 감정, 사정射精한 후의 허망한 느낌 등이 혼합된 짬뽕과 같은 것이다. 우리 민족의 한恨을 쉽게 설명할 수 없듯이 '두엔데' 역시 알맞게 표현할 언어가 이 세상에는 없을 것 같다.

알람브라를 얘기하면서 프란시스코 타레가가 작곡한 기타곡 〈알람브라 궁전의 추억〉을 떠올릴 수밖에 없다. 기억 속에 묻혀 있는 이 곡은 호명하지 않아도 자주 튀어나와 내 온몸에 소름을 돋게 한다. 타레가는 이 곡을 쓸 때 자신의 제자이자 유부녀인 콘차 부인을 짝사랑하고 있었다. 고백하지 않으면 미칠 것 같은 고통을 참아내지 못하고 마음을 털어놓지만 무참하게 거절당하고 만다.

타레가는 못 이룬 사랑을 위해 알람브라 궁전을 찾아가지만 상처의 부스럼 딱지는 여섯 개 기타 줄 위에 음표로 올라앉아 애절한 추억의 기도로 바뀌고 만다. 그것이 〈알람브라 궁전의 추억〉이란 곡이다.

서인西印 스님도 타레가처럼 상처를 안고 떠돌다 열반에 들었는지 그가 간 곳을 아무도 가르쳐 주는 사람은 없었다. 경남 울주의 어느 장례식장에 누워 계신다는 슬픈 부음을 듣고 달려갔더니 영혼조차 만날 수 없었다. 추억을 붙잡고 나는 한참 울었다.

'알핀 바이올렛', 전혜린

요절한 천재 전혜린(1934. 5. 1.~1965. 1. 10.)의 애칭은 '알핀 바이올렛' 이다. 알프스의 험준한 바위 그늘 아래 숨어 있는 꽃 '알핀 로제'(Alpine Rose)에서 따온 말이다. 헤르만 헤세는 소설 《피터 카멘친트》에 젊은 날의 고뇌와 방황을 이야기하면서 이 말을 쓴 것 같다. 혜린의 운명에 딱 맞는 닉네임이다.

소설가 한무숙의 남편 김진흥 주택은행장이 독일 여행 중일 때 뮌헨대학에 유학 중인 혜린의 집에 초대받아 불고기와 김치 대접을 받았다. 다음날 역에 나가 떠나는 김 행장에게 짙은 보라색 바이올렛 꽃다발을 안겨주었다. "아직 여정이 남았으니 내 아내에게 보내 주세요." 그는 농담처럼 말하고는 떠나버렸다. 혜린은 바로 우체국으로 달려가 아내인 소설가 한무숙에게 부쳤다. 서울에 도착한 소포에는 드라이 플라워가 들어 있었다. 작가는 그날 이후 혜린을 '알핀 바이올렛' 이라 불렀다.

전혜린은 경기여고를 거쳐 서울대 법학과 3학년 때 독일 뮌헨대 1학년으로 들어가 5년 동안 문학을 공부했다. 유학을 가게 된 동기는 미국에 이민 갔던 경기여고 동기인 친한 친구 주혜가 유학을 권유했고 독일의 지인을 통해 수속 편의를 제공해 주었기 때문에 가능했다.

혜린은 법학에 관심이 없었다. 아버지의 말씀을 거역할 수 없어 따르긴 했지만 오히려 미술에 흥미를 느끼고 있었다. 법대 입학 당시 수학은 영점이었으나 전체 석차는 2등이어서 교수회의를 거쳐 어렵게 합격을 통보받았다. 한 과목 영점 짜리는 이유 불문, 합격 취소가 학

칙이었다. 교수들의 견해는 그녀의 천재성 성적은 한 세기에 한 사람 나오기 어려운 대기록이라는 평가였다.

혜린은 수업이 끝나면 명동으로 뛰쳐나왔다. 검은 머플러를 두르고 언제 보아도 어둡고 음산한 우수가 깊게 서린 검은 눈동자에는 열정이 뿜어져 나오고 있었다. 그녀는 단골집인 은성(배우 최불암의 어머니 이명숙 여사가 주인인 대폿집)에서 시인 작가 수필가 화가 성악가 신문기자 배우 등 예술가들과 어울려 막걸리를 마시다가 음악을 들으러 돌체 다방으로 건너가곤 했다. 혜린의 밤 친구는 법대 클라스메이트가 아니라 명동 백작인 작가 이봉구, 시인 박인환 등 쟁쟁한 멤버들이었다.

어리지만 날카로운 센스가 번뜩이는 혜린의 입에서 튀어나오는 말들은 바로 시였고 음악이었다. 그녀는 막걸리를 마시며 담배를 피웠으며 커피는 물론 양주 칵테일까지 즐겼다. 음악은 클래식이 아니면 듣기를 싫어했다. 하루는 '모나리자' 마담에게 "유행가는 집어치우고 멘델스존으로 갈아 끼우세요.", "손님들이 명곡은 지루하다고 해서요.", "마담의 교양이 의심스럽군요."라고 쏘아붙일 정도였다.

혜린은 사랑하는 명동을 버리고 뮌헨으로 떠났다. 1955년 10월이었다. 그곳은 대학 도시였지만 한국 유학생으론 혜린이가 처음이었다. 언덕 위에 홀로 서 있는 등 굽은 소나무는 바람밖에 의지할 데가 없다더니 혜린의 형편이 바로 그랬다. 말이 통하지 않아 어디에서 잠을 자야 할지, 무엇을 먹어야 할지 뮌헨은 절벽이자 낭떠러지였다. 돌아갈 수도 없었다.

날이 밝으면 무작정 걸었다. 길을 익히면서 말을 배웠다. 혜린이가 자주 찾는 곳이 뮌헨의 몽마르뜨라고 부르는 슈바빙(Schwabing)이었다. 잿빛 안개 속의 레몬 빛 가스등 불빛이 아름다운 우수가 되어 가슴에 안겨들었다. “나는 안개에 감싸이는 쾌감과 머리를 적시는 눈에 보이지 않는 비애를 맛보았다.” 어쩌면 죽음의 그림자가 잿빛 안개 속에서 혜린을 스쳐 지나갔을지도 모를 일이다.

혜린의 마음속엔 슈바빙의 레몬 빛 가스등 불빛이 너무 깊게 아로새겨져 죽을 때까지도 그곳에서의 낯설지만 익숙했던 기억을 잊지 못했다. 그녀는 돈을 아끼기 위해 크림과 커피 한 잔으로 아침을 때우고 학교 앞 구멍가게에서 50전짜리 군밤을 사서 까먹는 것에도 익숙해졌다. 그러나 잠만 들면 고향의 감나무가 어른거려 그것이 황색 그림자로 변했다.

서너 달 뒤 남편이 될 김철수(1933~2022.3.26.)가 뮌헨에 왔다. 바로 결혼 생활로 들어갔다. 마음에 안정을 얻은 혜린은 학교 공부와는 별도로 집필 작업을 시작했다. 사강의 《어떤 미소》와 《안네 프랑크의 한 소녀의 걸어온 길》, 그리고 이미륵의 《압록강은 흐른다》를 번역했다.

1959년 3월 15일 딸 김정화를 출산했다. 해 질 녘이면 명동의 은성에 꾸역꾸역 예술인들이 몰려들었다. 대폿집의 좌장 격인 이봉구는 “우째, 검은 마후라 아가씨가 보이질 않네. 무섭게 빛나는 검은 눈동자의 아가씨! 수도원에서 도망쳐 나온 수녀 같았지.”라며 그녀를 그리워했다.

독일에서 돌아온 혜린은 젊은 나이로 모교에 출강하여 학생들을 가르쳤다. 또 번역 작업과 자신에 관한 글쓰기를 계속하면서도 명동의 밤 나들이는 멈추지 않았다. 1965년 1월 10일 밤 이봉구, 경기여고 3년 후배인 이덕희와 세 사람이 은성에서 두 시간 가량 술을 마셨다. 늦게 나타난 작가 김승옥, 이호철과 함께 자리를 옮긴 허름한 대폿집에서 밤 10시까지 막걸리를 마셨다.

혜린은 그날 밤 덕희의 손을 잡고 걸으면서 "세코날 40개를 구했어."라고 말했다. 혜린은 다음날인 일요일 아침 여섯 살짜리 딸이 "엄마. 일어나." 하고 손을 잡아끌었으나 대답이 없었다.

전혜린과 1934년 1월생 동갑인 이어령 전 문화부 장관은 57년 전 혜린의 죽음 앞에 이런 추도사를 썼다. "그는 활화산이었다. 이 지상에 살고 간 서른두 해, 자기의 생을 완전히 살고 간 여자였다. 가짜가 아닌 생이었다. 생을 열심히 진지하게 살았다. 그는 오늘의 침묵에 이르기 위해 언제나 말을 했고 언제나 노상에 있었다. 당신은 이제 알 것이다. 그가 도달한 침묵의 값을. 그리고 그는 아무 말도 하지 않았다."

천재의 자격은 요절이 필수라더니. 허 참! 동네 주막에 나가 막걸리나 한 사발 마셔야겠다. 만난 적 없는 전혜린을 그리워해야겠다.

자작나무 숲속의 시인

그 많은 버킷리스트를 붉은 연필로 지워 버리고 단 한 개만 남겨두었다. 러시아 바이칼 호수 옆 자작나무 숲에서 한 며칠 머무는 것을 마지막으로 잡아 둔 것이다.

우선 자작 숲 앞 사냥꾼 집을 숙소로 정하고 중천의 달과 물비늘 호수 속의 달을 함께 보려면 모닥불을 피워야 한다. 저녁 식사 전에 김이 서리는 반야(banya)에 들어가 사우나부터 즐겨야지. 자작나무 여린 가지인 비흐따(vihta) 다발을 들고 들어가 벌겋게 달아오른 전신을 두들긴 후 얼음을 깬 사각의 물웅덩이에 풍덩! 하고 빠져 보면 천당과 지옥의 대척점에서 일어나는 혼란을 맨몸으로 느낄 수 있다.

여인의 뽀얀 속살 같은 하얀 피부를 보란듯, 자작나무 군락은 미울 정도로 큰 키가 활대 장승을 닮았다. 멋쟁이 여인이 검은 스카프를 걸치듯 바람 속의 자작나무는 부릴 수 있는 최고의 멋을 황갈색 차가버섯으로 악센트를 찍었나 보다.

아하! 그러면 그렇지. 이럴 때 음악이 없으면 안 되지. 유튜브 속에 숨어 있는 '라라의 테마 뮤직'을 미리 찾아 두어야지. 그래야 〈의사 지바고〉의 주인공 라라와 토냐를 오늘밤 내가 주관하는 바이칼호 사냥꾼의 집 앞 '자임카 모닥불 파티'의 스타 게스트로 모셔 올 수 있겠지.

주인에게 미리 주문해둔 보드카와 북극 청어를 훈제한 오물(omul)과 꼬챙이에 끼워둔 샤스릭(shashlik)은 여름철 바닷가 모래사장에서 굽는 호롱낙지처럼 그렇게 익어가고 있겠지. 자작나무 숲길을 걷다가 벤치에 앉아 시를 읽고 싶다. 로버트 프로스트가 읊은 "시는 기쁨에서 시작하고 지혜로 끝난다. 사랑이 그런 것과 마찬가지다"라는 〈자작나무〉란 시를 나무들이 알아듣도록 큰 소리로 읽고 싶다.

연전에 강원도 인제 원대리의 자작나무 숲에서 하루를 보낸 적이 있다. 눈이 내린 숲은 하얀 소복을 입은 여인처럼 청초했고 하늘은 높고 푸르렀다. 갖고 간 와인 한 병을 원두막 옆 눈 속에 묻어두고 급조한 보물찾기로 흥을 돋웠다. 크리스털 와인 잔 대신 종이컵으로 한 잔씩 마셨지만 고급 와인 바에서 콜키지를 물고 마시는 것보다 훨씬 운치가 있었다.

자작나무 숲으로 유명한 인제는 멋쟁이 시인 박인환의 고향이다. 원두막에 둘러앉아 시인의 생애와 흔히들 '명동 엘레지'라 부르는 〈세월이 가면〉이란 노래가 태어난 배경을 설명하는 시간을 잠시 가졌다. 시인은 이 시를 쓰기 전날, 십여 년 동안 찾지 않았던 첫사랑 연인의 무덤이 있는 망우리 묘지를 다녀왔다.

시인은 허전한 마음을 달래기 위해 '은성'이란 단골 대폿집으로 갔다. 술이 한 순배 돌자 이진섭이 "인환아, 네가 시를 쓰면 곡은 내가 붙일게."라고 말했다. 인환은 그다음 날 시 한 편을 써왔으며 이진섭은 열흘 뒤 곡을 완성했다. 〈세월이 가면〉이란 절창 명곡은 그렇게 탄생했다.

> 지금 그 사람 이름은 잊었지만/ 그 눈동자 입술은/ 내 가슴에 있네/ 바람이 불고/ 비가 올 때도/ 나는 저 유리창 밖/ 가로등 그늘의 밤을 잊지

못하지/ 사랑은 가고 옛날은 남는 것/ 여름날의 호숫가 가을의 공원/ 그 벤치 위에/ 나뭇잎은 떨어지고/ 나뭇잎은 흙이 되고/ 나뭇잎에 덮여서/ 우리들 사랑이/ 사라진다 해도.

어느 날 테너 임만섭이 은성에 들러 노래를 제대로 다듬어 특유의 맑은 목소리로 〈세월이 가면〉을 부르기 시작했다. 행인들이 삽시에 술집 앞으로 몰려와 연이어 앙코르가 터지는 기상천외한 리사이틀이 벌어졌다.

인환은 자신의 마지막을 정리하고 있었다. 사랑했던 연인의 입술과 눈동자가 나뭇잎에 덮여 흙이 된 현장인 연인의 묘소를 다녀온 것도 그 일환이었다. 시인은 자신이 존경하는 시인 이상의 기일을 기념하기 위해 폭음을 계속했다. 사망 당일(1956. 3. 20.) 친구 김훈에게 짜장면 한 그릇을 얻어먹고 집으로 돌아와 급성 알코올 중독성 심장마비로 29세에 요절했다.

부음 소식을 맨 먼저 들은 언론인 우인雨人 송지영이 눈을 뜨고 죽은 시인의 눈을 감겨 주었으며 김은성이 생전에 못 사준 조니 워커 한 병을 사자의 입에 부어주자 모두의 울음보가 터져 눈물바다를 이뤘다. 장례식날 조병화가 조시를 낭독하고 모윤숙이 고인의 시를 낭송했다.

많은 친구가 상여 뒤를 따랐고 정영교는 시인이 그렇게 좋아했던 카멜 담배와 고급 위스키를 관 위에 부어주었다. 박인환은 짧은 생애를 살았지만 그를 그리워하는 사람들의 가슴속에서 영원을 살고 있다.

나는 미수의 나이로 소천하신 어머니가 붓으로 쓴 박인환의 시 〈목마와 숙녀〉를 8폭 병풍으로 꾸며 보물처럼 간직하고 있다. 아, 박인환 시인!

단테 《신곡》 '카론의 강'

국악을 소중히 생각하는 지음知音이 있다. 그는 우리 소리에 대한 깨우침을 주려고 여러 장르의 국악 CD를 보내 주었다. 그뿐만 아니라 때론 유명 국악인을 초청하여 지인들과 둘러앉아 소리와 악기에서 터져 나오는 음악을 듣고 함께 즐기는 시간을 자주 가졌다.

서양음악에 먼저 귀가 열린 국악의 '멍충이'라 할지라도 열심히 듣고 공연 장면을 자주 보면 '그것, 참 좋은데.'라는 생각과 함께 마음의 문이 조금씩 열린다. 지음이 보내 준 음악은 영산회상, 거문고 산조, 가야금 산조, 대금 산조, 심청가, 상주 모내기 등 10여 편이 넘는다.

최근에 보내온 정은혜의 '단테의 신곡 중 지옥 편'에 나오는 〈카론의 강〉은 듣는 순간부터 소름이 돋으면서 너무 적막하고 우울하여 절망의 심연에서 발 담근 채 계속 들을 수가 없었다. 지옥 편의 판소리 한 자락을 들어보자. 글만 있고 곡은 없어도 흥얼거리면 그게 바로 음악이다.

반클라이번 콩쿠르에서 우승한 열여덟 살짜리 피아니스트 임윤찬이 국내 출판사에서 발간된 단테의 《신곡》을 죄다 읽었다고 한다. 그는 리스트의 피아노곡 〈단테 소나타〉를 좀더 깊이 이해하기 위해서라고 했다. 이왕이면 정은혜의 판소리 '단테의 지옥의 문'을 들어 봤으면 하는 욕심에서 이 글을 썼다. 윤찬이는 "언어가 불가능할 때 음악을 한다."라고 했는데 나도 "언어가 글로 잘 풀려 나오지 않을 때" 이 음악을 들어야겠다.

뭐야, 너는 살아 있는 놈이잖아. 빨리 돌아가, 여긴 죽은 자만이 올 수 있는 곳이야. 너를 태워줄 배 따위는 없어. 이곳은 통곡의 강. 다시는 하늘을 올려다보지 못하리, 이곳은 지옥의 강. 내가 너희를 인도하리.

〈지옥의 문〉 CD는 판소리를 기반으로 각 장면을 형상화하는 1시간짜리 낭독극 사운드로 제작된 것이다. 정은혜가 보컬, 김민수 타악기, 첼로 조재형, 기타 김우영, 피아노 김용재가 맡아 지옥에서 들리는 소리를 그림 그리듯 채색하여 괴이쩍은 어둠의 세계로 인도하고 있다.

카론은 그리스 신화에 나오는 지옥의 뱃사공이다. 저승을 휘감아 흐르는 강에서 배를 저으며 이곳에 온 망자를 저승으로 싣고 가는 사람이다. 그는 반드시 동전 한푼을 뱃삯으로 받아야 저승행 배에 태워준다. 그리스에서는 죽은 사람을 장사지낼 때 망자의 입안에 1오볼로스짜리 동전 한 개를 혀밑에 물려 주는 게 전통이다.

6오볼로스가 1드라크마인데 이 정도 액수는 노동자의 하루 일당이었으니 저승 가는 여비도 만만찮은 금액이었다. 갑자기 천상병 시인의 시가 떠오른다 "저승 가는 데도 여비가 든다면 나는 영영 가지도 못하나. 생각느니 아, 인생은 얼마나 깊은 것인가."

고대 그리스에서는 동전이 주조되기 시작한 기원전 5세기 무렵부터 망자의 입안에 은화를 넣고 매장하는 풍습이 있었다. 그 후 카론의 은화 한 닢은 로마제국과 이베리아반도에 이어 영국과 폴란드 등에 전파되기 시작했다. 매장문화를 조사한 고고학자 카파지나 올레세크는 '카론의 은화 한 닢' 전통은 기독교 이전부터 있었다고 했다. 실제로 폴란드 남쪽 마을 근처 고속도로 공사 중에 아이 유골이 대량을 발굴될 때 입안에 동전이 들어 있었다고 전해지고 있다.(정은혜의 음울한 목소리는 계속된다.)

> 어둠 속을 더듬으며 지옥의 문을 지나니 괴상하고 음울한 소리로 가득한 세계가 펼쳐졌다. 귀기울여 보니 탄식하는 자. 신음하는 자, 갑자기 사방에서 터져 나오는 고통의 소리, 암벽에 부딪히고 별 하나 없는 암흑의 하늘에 메아리쳐 거대한 천둥으로 울려 퍼졌다.

이승을 떠나 죽음의 세계인 하데스의 나라로 가기 위해선 반드시 저승사공이 저어가는 카론의 배를 타고 스틱스 강을 건너야 한다. 가족들이 뱃삯을 미리 챙겨 입 안에 넣어 주지 못한 망자는 영원히 저승에 들어가지 못하고 강가에서 떠돌아야 한다. 살아서나 죽어서나 간에 은화 한 닢이 없어 배가 고파도 굶거나 들어가야 할 곳에 입장을 거부당하면 그건 매우 슬픈 일이다.

스틱스강과 비슷한 풍경은 인도의 갠지스강에서 쉽게 볼 수 있다. 인도 바라나시에 가면 새벽 일출과 저녁노을을 보기 위해 관광객들이 많이 몰려들고 있다. 갠지스강에는 매장되지 못한 시체와 불에 타다 남은 팔다리까지 떠다니는 걸 보면 은화 한 닢 없는 망자들이 생각난다.

갠지스강의 뷰포인트로 가기 위해선 나룻배를 타야 한다. 이때 젊은이보다는 나이 많은 뱃사공이 모는 배를 타는 것이 유익하다. 배삯은 어느 배를 타나 동일하지만 주름살 깊은 늙은이의 캐릭터 자체가 갠지스강의 풍경과 너무 잘 어울리기 때문이다.

노을 경치 속의 움직이는 노인의 초상화를 보는 대가로 규정 요금보다 몇 달러 더 얹어 주어도 그리 손해보는 장사는 아니다. 그들은 깡마른 체구의 표정으로 삐걱거리는 낡은 나룻배를 저어가는 모습에서 좀처럼 볼 수 없는 건강한 아우라를 느낄 수 있다. 덤으로 그 모습에서 얻어지는 에너지는 공짜다.(정은혜는 '애욕의 죄' 편에서 이렇게 읊조린다.)

저들은 정욕에 몸을 맡긴 자들이야. 이곳은 애욕 때문에 재앙을 불러들여 인생을 망친 자들을 심판하는 계곡이라네. 나는 파올로, 그대는 프란체스카. 바람에 날려 가면서 언제까지나 서로의 사랑에 몸을 맡기고 마침내 죽음을 불러들인 우리 두 사람, 저 검은 바람에 휩쓸려 끝없이 채워지지 않는 정욕의 형벌을 받게 되었소. 인간은 왜 고향을, 그리고 친구를 배신할까. 자신을 믿고 마음을 열어준 사람을 왜 속이고 죽여야 할까. 왜 왜 왜. (인도 전통 악기 시타르의 소리가 들린다. 당다라 당당 당당당.)

달빛 소나타

나는 '클알못'이다. 클알못은 영어도 아니고 스페인어도 아니다. 준말을 좋아하는 한국의 젊은이들이 만들어 낸 기상천외한 낱말이다. 클래식 음악을 알지 못하는 사람이란 뜻이다.

나는 클알못임은 분명한데 클래식과 친해지기 위해 노력하고 있다. 승용차의 채널도 FM 89.7에 고정해 두고 클래식 음악을 쓰디쓴 한약 넘기듯 양쪽 귀로 마시기는 하지만 작곡가의 음악적 언어를 이해하지 못하고 있다. 일흔 할머니 한글 배우기처럼 매우 난감하다.

CD꽂이 상단에 클래식 음반이 줄지어 서 있지만 서가 속의 전집류처럼 쉽게 손이 가지 않는다. 그러나 쇼팽의 피아노 음악 중에서 〈빗방울 전주곡 15번〉은 읽기 만만한 단행본처럼 느껴져 자주 듣는 편이다. 사람은 천성과 버릇을 버리지 못하듯 젊은 한때 팝에 빠진 경험 때문에 지금도 재즈, 라틴 뮤직, 샹송, 파두 등을 들으면 어깨가 허느적거린다. 이런 원인 때문에 클알못이란 늪에서 빠져나오지 못하고 있나 보다.

이런 내가 〈달빛月光 소나타〉라는 베토벤의 피아노 소나타 14번(C# 단조 소나타) 1, 2, 3악장을 풀 버전으로 내리 세 번이나 거푸 들은 적이 있다. 그 음악이 좋아서 들은 것은 아니다. 어느 대학의 여교수가 〈달빛 소나타〉 연주 영상을 유튜브에 올리면서 "이 소나타가 문재인 대통령의 성정性情을 닮았다."는 낯뜨거운 발언이 계기가 된 것이다.

그녀는 20대 총선 때 김종인에게 발탁돼 더불어민주당 비례대표 1번으로 국회의원이 된 적이 있다. 그 후 2020년 4월 총선 때 서초 을에서 출마하여 낙선했으나 1개월 뒤 청와대 교육비서관으로 임명됐다. 그녀는 피아노를 치며 "이 월광 소나타는 잔잔한 호수에 비치는 달빛의 은은함이 느껴진다. 문 정부의 피날레는 월광 소나타의 화려한 3악장처럼 뜨거운 감동을 남길 것"이라며 베토벤의 얼굴에 참기름까지 처발랐다.

달빛 소나타 한 곡 덕분에 그녀는 청와대 대변인에 발탁됐다. 그녀 이전에도 친문 단체는 "명월이 천산만락에 아니 비친 데가 없다."라고 했으며 서울 시장에 나선 여당 후보는 "대한민국은 문재인 보유국"이란 가당찮은 알랑방귀를 뀌었으나 구린내가 향기로 바뀌지 못하고 낙선했다.

베토벤의 이 소나타는 '월광'이란 별칭이 붙어 '비창', '열정' 등과 함께 3대 피아노 소나타로 꼽히는 명곡이다. 프랑스 시인 베를리오즈는 "1악장은 인간의 언어로 표현할 수 없는 시詩"라고 극찬한 바 있다.

이 곡은 베토벤의 청력이 날로 사그라드는 시기에 그의 주변을 맴돌고 있는 귀여운 소녀를 위해 쓴 곡으로 알려져 있다. 그는 이듬해인 1802년 이 곡을 17세인 줄리에타 귀차르디라는 소녀에게 헌정하면서 청혼했으나 귀족과 평민이란 신분 차를 극복하지 못하고 퇴짜를 맞고 말았다.

베토벤은 실연 직후 빈의 귀족 저택에서 휘영청 달빛과 강물 속에 잠긴 달과 바람이 만들어 낸 윤슬의 반짝임에 감동하여 이 곡을 썼다는 설과 어느 눈먼 아가씨를 위해 작곡했다는 설도 있지만 확실하진 않다.

나는 〈달빛 소나타〉를 세 번 연속으로 들었지만 소나타 전곡에서 대통령의 성정을 닮은 부분은 아무리 찾아봐도 찾을 수가 없었다. 피아니스트 임동혁이 연주한 〈월광 소나타〉 전곡을 들었던 네티즌들은 1,400여 개의 댓글을 달며 환호했으나 대통령을 언급하거나 듣기 민망한 발언을 한 이는 아무도 없었다. 댓글의 요지는 "밤하늘의 달을 아름답게 표현했네요, 자석처럼 이끌려 밤하늘에 뜬 기분이에요. 음표 하나하나가 물결치는 느낌이네요. 3악장 마지막 부분에서 눈물이 주루룩." 등이었다.

나는 요즘도 혼자 지내기가 심심한 날은 베토벤의 〈월광 소나타〉를 일부러 찾아 듣는다. '클알못'에서 탈출하는 방법 중의 하나가 선택한 곡을 열심히 듣고 작곡가의 감정을 이해하는 것이 중요하다고 생각하기 때문이다. 그 곡이 대통령의 성정을 닮았거나 아니거나 그것은 아첨꾼과 아부를 즐기는 사람의 문제이지 나의 문제가 아니다.

나는 〈티파니에서 아침을〉이란 영화에서 창문턱에 걸쳐 앉아 노래를 부르는 오드리 헵번의 설익고 세련되지 못한 〈문 리버(Moon river)〉와 멕시코의 남성 트리오 Los Tres Diamantes가 부른 〈루나 예나(Luna Llena · 보름달)〉에서 오히려 성정性情을 느낀다. 그래서 〈달빛 소나타〉보다 더 자주 듣는다. 〈루나 예나〉는 원곡도 좋지만 우리나라 블루벨스 사중창단이 번안하여 부른 〈희미한 옛사랑의 그림자〉는 잊을 만하면 떠오르는 옛사랑을 추억할 수 있는 마음을 뒤흔들어 놓는 명곡 중의 명곡이다.

> 푸른 저 달빛은/ 호숫가에 지는데/ 멀리 떠난 그 님의 소식/ 꿈같이 아득하여라/ 차가운 밤이슬 맞으며/ 갈대밭에 홀로 앉아/ 옛사랑 부를 때/ 내 곁엔 희미한 그림자/ 사랑의 그림자여

나는 이 노래를 달이 뜨지 않는 비 오는 날 즐겨듣는다. 그리움이 증폭되기 때문이다. 아! 보고 싶은 사람들.

에디트 피아프 샹송

에디트 피아프는 프랑스 국민가수이자 샹송의 여왕이다. 해마다 여름이 저물면서 초가을이 얼굴을 내밀면 CD를 늘어놓고 샹송을 듣는다. 이브 몽땅의 〈고엽〉을 시작으로 에디트 피아프의 〈사랑의 찬가〉 〈파담 파담〉 〈아뇨, 후회하지 않아요〉 등을 거의 온종일 듣는다. 에디트의 〈장미빛 인생〉과 몽땅의 〈고엽〉을 번갈아 듣다 보면 '왜 그들이 사랑은 하면서도 합치지는 않았을까.'라는 궁금증이 상상을 자극하여 노래를 재미있게 이끌어 간다.

에디트의 생애를 살펴보면 좀처럼 패가 풀리지 않는 선천성 비운의 가수다. 그녀는 1915년 12월에 태어나 겨우 47년을 살다가 1963년 10월에 타계했다. 아버지는 서커스 단원이며 어머니는 이름도 얼굴을 모른 채 생후 두 달 만에 도망쳐 버렸다. 입에 풀칠하기도 어려웠던 아버지는 포주인 어머니에게 에디트를 맡겼다. 그녀 역시 배불리 먹을 게 없어 키가 자라지 않아 성인이 되어서도 142cm였다.

사창가에서 소녀 시절을 보낸 에디트는 14세 때부터 아버지를 따라 떠돌면서 노래를 불렀다. 그녀의 목소리는 미성도 아니었고 체계적으로 음악을 배우지 못해 노래 자체가 제멋대로였다. 그러나 그녀의 노래는 신묘한 힘이 있어 듣는 사람의 마음을 움직이고 있었다. 벌이가 시원찮아 밥 먹기가 어려울 땐 외할머니에게서 배운 창녀 짓을 할 수밖에 없었다.

매춘이란 것은 아주 묘해서 한번 발을 들여놓은 적이 있는 여인은 생활이 어려울 땐 특히 창녀 특유의 기억이 추억으로 되살아나 저절로 거리로 나서곤 한다. 프랑스의 여류 화가 수잔 발라동은 사생아로 태어나 자신도 거리에서 만난 이름도 없는 방랑 화가와의 사이에서 사생아를 낳은 적이 있다. 반 고흐도 결혼까지 염두에 둔 다섯 아이의 어미인 매춘부 출신 크리스틴을 다시는 거리로 돌려보내지 않으려고 무진 애를 썼다. 그녀 역시 매춘의 떨거지 같은 빌어먹을 생각이 되새겨질 때마다 거리로 달려 나가곤 했다. 그게 '2프랑의 추억'인가 봐.

에디트는 17세 때 아비가 누군지도 모르는 첫딸 마르셀을 출산했지만 두 살 때 하늘나라로 떠나보냈다. 에디트의 소문을 들은 클럽 르 제르니의 대표 루이 루플레가 후한 주급 자리를 제안했으나 얼마 못 가 살해당하고 말았다. 에디트가 아 사건의 연루 의혹을 받아 구속당하는 처지가 되었으나 바로 풀려났다. 그녀의 불운은 그것으로 끝이 아니었다. 무대에서 성공하는 듯했으나 네 번이나 교통사고를 당했으며 생애 중에 가장 사랑했던 연인을 비행기 사고로 떠나보내야 했다.

2차 세계대전 직후 1948년 미들급 세계챔피언이 된 마르셀 세르당(1916~1949)은 에디트가 꿈에도 못 잊는 연인이다. 그들은 1947년 10월, 에디트의 미국 공연 때 만나 서로가 서로를 바라보는 일 외엔 아무것도 할 수 없는 사랑하는 사이가 되었다. 두 사람은 에디트의 스케줄에 맞춰 어디든 함께 다녔다.

에디트는 떨어져 있는 시간이 힘들어 미국 뉴욕에 머물고 있는 마르셀에게 베르사이유에서 노래하고 있던 자신의 곁으로 빨리 오라고 재촉했다. 그는 빨리 오기 위해 배편을 취소하고 비행기를 탄 것이 대

서양 중부 아조레스 제도의 로돈타 산에 추락하고 말았다. 그녀는 연인의 죽음에 죄책감을 느껴 예정된 공연을 깡그리 취소했다. 에디트는 연인을 향한 못다 한 사랑과 슬픔을 이겨내지 못하고 사흘 동안 방안에 박혀있다가 삭발하고 나타나 〈사랑의 찬가〉를 부르며 영원히 함께할 것을 다짐했다.

> 하늘 무너져 버려도/ 땅이 꺼져버린다 해도/ 그대만 나를 사랑한다면/ 아무래도 괜찮아요/ 당신이 원하신다면/ 조국을 버리겠어요/ 친구도 버리겠어요/ 사람들이 비웃는다 해도/ 당신이 원하신다면 / 무엇이든지/ 나는 해 내겠어요 (〈사랑의 찬가〉 중에서)

에디트는 이브 몽땅, 자크 필스, 26세 연하의 테오 사라포 등 남자들에게 실연의 고통을 당한 것이 한두 번이 아니었다. 또 어릴 적부터 섹스의 경험 또한 유별나게 많은 터수여서 마르셀과의 연애도 쉽게 끝나리라고 짐작하고 있었다. 그러나 그게 아니었다. 에디트는 "내가 무수한 남자를 거쳤지만 진실로 사랑한 사람은 마르셀뿐이다."라고 말한 적이 있다.

에디트는 한마디로 정열적인 여인이었고 열정적인 가수였다. 그녀는 연애도 노래도 신성한 광기에서 출발한 결정품들이었다. 그녀의 샹송에는 폭발과 절제가 적절하게 동거한다. 뇌관이 불에 타들어 가며 '쉬 쉬 쉬' 하는 작은 소리를 낼 때는 속삭이는 것 같지만 불이 붙어 터져버리는 함포 소리로 들릴 땐 청중들의 감정을 뒤흔들어 놓는다.

피아프는 평생을 음악과 예술에 신명을 바친 진정한 예술가다. 그녀는 인기에 영합하지 않았고 영예를 노리고 노래하지 않았다. 죽기 전 무대에서 노래하다 쓰러진 적이 있었다. 스텝들이 병원으로 옮기기 위해 무대 밖으로 데리고 나오려 하자 피아노 다리를 붙잡고 "노래를 마치기 전에는 한 발짝도 옮길 수 없다."며 노래를 끝까지 불렀다고 한다.

"목숨을 걸고 노래하지 않으면 무대에 설 자격이 없다."라는 말은 그녀가 평생 지켜온 신념이다. 에디트는 향수(Perfumes)의 도시 프랑스 그라스(Grasse)에서 샤넬 넘버 5를 찍어 바르고 마지막 숨을 거둔다. 죽어도 못 잊을 연인 마르셀과 함께 살기 위해 하늘나라로 올라갔다.

엔니오 모리코네 영화 음악

서부영화를 유별나게 좋아했다. 말 타고 총 쏘는 것이 기질에 맞았는지 전쟁 영화와 애정 영화는 뒷전이었다. 젊은 한때는 비디오 가게에서 테이프를 10여 개씩 빌려왔다. 모두 서부영화였다. 일주일을 버티지 못하고 다시 비디오 가게를 찾아가곤 했다. 가게 주인은 "이제 애정 영화로 방향을 바꿔 보세요."라고 권했다. "서부영화는 본 것을 또 봐도 싫증이 나지 않는데요." 주인은 "허 참, 허 참." 하고 웃었다.

요즘도 텔레비전에서 서부영화를 자주 본다. 물론 봤던 것 재탕이다. 옛날 것들은 '서부는 살고 악당은 죽는' 단순 흑백 논리에 입각한 할리우드식 스토리가 끌고 가는 진부한 영화다. 주제가 또한 귀에 닳도록 들어온 무미건조한 음악이다. 〈하이눈〉, 〈셰인〉, 〈OK 목장의 결투〉 등이 그렇다. 1960년대 중반에 접어들면서 로마 출신 영화감독 세르조 레오네와 손발을 맞춘 엔니오 모리코네가 등장하고부터 서부영화의 내용과 음악은 확실히 달라졌다.

그들은 권선징악에서 탈피했다. 서부 개척 당시 무법자들의 폭력과 생존을 위한 투쟁, 뉴욕 뒷골목 갱들의 범죄를 주로 다뤘다. 서민들의 어려운 생활 속에서 휴머니즘을 되찾자는 것이 제작자들의 주된 관심사였다. 당시만 해도 영화 음악은 클래식 음악이 바탕 되어 있었으나 레오네와 모리코네는 바탕의 색깔부터 바꿔나갔다. 그들의 음악은 피아노, 바이올린, 첼로가 아닌 하모니카, 기타, 하프, 오카리나, 휘파람, 샤우팅, 채찍 등을 적절히 동원하여 멕시코 사막의 분위기를 살린 기막힌 감각의 음색을 영화 속에 녹여 냈다.

그런 영화들이 〈석양의 건맨〉, 〈석양의 무법자〉, 〈석양의 갱들〉, 〈원스 어폰 어 타임 인 더 웨스트〉로 이어졌다. 그들은 영화의 캐릭터를 서부와 악당을 뒤바꿔 관객들이 "어! 이건 아닌데."라는 혼란을 느끼게 하여 영화를 보는 재미를 한결 돋워 주기도 했다. 예를 들면 평소 착한 서부 역만을 맡아온 헨리 폰다에게 피도 눈물도 없는 악당역을 맡겨 할리우드의 영화 관계자를 깜짝 놀라게 했다. 이것이 레오네의 새로운 감각이며 이에 걸맞은 음악이 모리코네의 솜씨였다.

모리코네는 귀재鬼才다. 천재天才는 보통사람보다 한 끗 위라면 귀재는 천재보다 서너 끗 위에 자리하고 있다. 천재는 타고난 재능을 단순하게 발휘한 결과지만 귀재의 업적은 단순 재능에 피나는 노력을 보탠 진짜 괄목할 성과를 창출해 낸 것이다.

모리코네는 생전에 5백여 곡 이상의 영화 음악을 작곡하거나 편곡했다. 실로 어마어마한 양이다. 그의 대표 작품은 골라 뽑기가 매우 어렵지만 그중에서도 〈석양의 무법자(The Good, The Bad, The Ugly)〉와 〈Once upon a time in America〉 그리고 〈미션(Mission)〉을 추천할 수 있다.

〈미션〉은 영국 출신 롤랑 조페 감독의 18세기 예수회 선교사와 남미 원주민들이 겪었던 실제 역사를 바탕으로 제작한 것이다. 영화는 모리코네의 잠자는 영혼에 벼락 천둥을 치는 듯한 음악과 함께 순교한 교역자와 원주민들의 숭고한 정신을 기리는 화면은 큰 여운을 남기고 있다. "신부들은 죽고 저는 살았습니다. 실제로 죽은 사람은 나이며 산 자는 그들입니다. 죽은 자의 정신은 산 자의 기억 속에 남기 때문입니다." 살아남은 추기경의 독백이다.

모리코네가 작곡한 〈미션〉에 나오는 〈지상에서도 천국에서와 같이(On Earth as it is in Heaven)〉라는 곡과 메인 테마곡인 〈가브리엘의 오보에〉는 명곡 중의 명곡으로 영화가 상영된 후 전 세계적으로 사랑을 받고 있다. 이 곡은 두 가지 다른 선율의 테마가 원시적인 봉고 리듬과 클래식 화성이 오케스트라의 대선율로 한데 어우러져 하나의 음처럼 진행된다. 두 개의 이질적인 요소들이 조화를 이룬 것을 보면 순교로 태어난 영성이 구원에 이르게 한다는 상징을 음악으로 표현한 것이다.

이 곡이 얼마나 유명했던지 영국 가수 사라 브라이트만은 〈가브리엘의 오보에〉에 가사를 붙여 노래를 부를 수 있게 해달라고 모리코네에게 줄기차게 편지를 보내 3년 만에 허락을 얻어 냈다. 그 노래가 〈넬라 판타지아〉다. 또 안드레아 보첼리와 이탈리아계 미국 팝 가수 아리아나 그란데는 모리코네의 〈원스 어폰 어 타임 인 아메리카〉의 주제가 '데보라의 테마'를 이탈리아 버전으로 불러 유럽을 감동시켰다.

엔니오 모리코네는 영화 음악의 대가답게 이승을 떠나는 순간에도 영화처럼 극적으로 생을 마감했다. 그는 "내가 죽으면 화장해서 부모님 산소 곁에 뿌려달라."고 부탁한 후 가족들이 지켜보는 가운데 눈을 감았다. 향년 91세. 사망 원인은 자택에서 넘어져 허벅지에 골절상을 입고 치료 중에 숨을 거두었다.

그는 죽음을 바로 앞두고 입원 중인 병원에서 손수 작성한 유언을 겸한 부고를 변호인을 통해 언론에 발표했다. "나, 엔니오 모리코네는 죽었다. 항상 내 곁에 있거나 멀리 떨어져 있는 모든 친구에게 알린다. 내 사랑하는 누이와 아들딸 손자 손녀들아, 너희들을 얼마나 사랑하고 있는지를 기억해 주길 바란다. 내 사랑하는 아내 마리아여. 나는 당신에게 매일 새로운 사랑을 느꼈어요. 이 사랑은 우리를 하나로 묶어 주었지요. 이제 단념할 수밖에 없어 정말 미안하오. 오늘 나는 당신에게 가장 고통스러운 작별을 고해야 하오. 사랑해요. 모리코네가."

영화 음악의 귀재 모리코네의 장례식은 40여 명의 일가친척 친지들이 참석한 가운데 조용하게 치러졌다. 모두 울었지만 나는 서부영화 〈Once upon a time in America〉를 보고 있었다.

<엘 콘도 파사(El condor pasa)>

남미음악을 좋아하면서도 정작 레오 로하스(Leo Rojas)를 모르고 지내왔다. 기억이 정확하진 않지만 남미음악에 빠져있던 친구가 인디오 출신 가수가 연주하는 〈엘 콘도 파사〉라는 곡을 꼭 한번 들어보라고 권한 적이 있었다. 십여 년 전 당시만 해도 쉽게 들을 수 있는 곡이 아니어서 친구의 권유를 한 쪽 귀로 흘려보내고 말았다. 그 곡을 어디서 처음 들었는지 기억할 수는 없지만 처음 듣는 순간 '이 멜로디 정말 괜찮다.'는 생각을 한 것은 분명히 기억하고 있다.

〈엘 콘도 파사〉는 노래를 부른 레오 로하스(본명 후안 레오나르도 산티얀 로하스)의 밥이었다. 가족들의 생계를 유지시켜 주는 생명의 끈이었다. 그는 1984년 10월 18일 남미 에콰도르 오타발로란 어촌의 어부 아들로 태어났다. 레오는 또래 아이들과 별반 다를 바 없이 작은 배로 잡아 온 물고기를 바구니에 담아 가게로 배달해 주는 일을 했다. 아무리 일해 봐야 생활은 나아지지 않았다.

당시 중앙아메리카의 엘살바도르는 땅은 좁은데 인구는 많아 사람들이 이웃 나라로 나가 잡일과 소규모 장사 등으로 생계를 이어 나갔다. 레오의 엄마는 옷 장사를 했으며 아들은 길거리에서 파이프와 플루트를 연주하여 푼돈을 벌었다. 생활고를 이기지 못한 레오의 아버지는 더 나은 삶을 위해 열다섯 살짜리 아들 형제와 함께 바다 건너 스페인으로 이주했다.

레오의 고향인 엘살바도르에는 5세가 되면 모든 남자아이는 플루트를 불었다. 곡을 연주하는 것이 아니라 그냥 '띠띠 뿜뿌' 정도의 소리내기를 즐길 정도였다. 레오는 가족이 유럽으로 떠날 때 가지고 놀던 플루트를 가방에 넣어 간 것이 밥벌이 도구가 될 줄은 자신도 몰랐다. 스페인에도 일자리는 없었다. 고향에서 함께 떠나온 이웃 아저씨가 독일로 떠난다기에 다시 자리를 옮겼다. 그곳도 마찬가지였다. 할 일은 없고 그냥 놀기가 심심하여 파이프와 플루트를 꺼내 길거리에 앉아 고향 노래의 멜로디를 아무렇게나 불었다. 소박한 멜로디가 행인들의 발걸음을 멈추게 했다. 레오가 연주하는 음악은 독일 사람들이 듣기엔 아주 몽환적이었고 남미 특유의 신비로운 멜로디였다.

그의 길거리 음악은 서서히 지평을 넓혀가기 시작하자 '영혼을 노래하는 인디오 음악'이란 소문이 나기 시작했다. 나중 아내가 된 폴란드 출신 이네스 샌틸런이 참여하여 제법 규모 있는 악단으로 성장하기에 이르렀다. 2011년 어느 음악가의 눈에 띄어 TV 오디션에 출연 제안을 받았다. 레오는 가장 자신 있게 연주할 수 있는 팬플루트으로 〈외로운 양치기(Lonely Shepherd)〉를 연주하여 우승했다.

이어 레오 로하스는 영국의 '갓 탤런트'의 독일판 버전인 '다스 슈퍼 탤런트' 시즌 5에 출전하여 〈엘 콘도 파사〉로 준우승을 한 후 그해 12월 결승전에서 우승을 차지했다. 남미 시골뜨기가 신인 발굴 프로그램에 출전하여 팬플룻 하나로 좌중을 휩쓸자 여러 TV 프로그램에서 초청이 밀려들었다.

그는 연주와 작곡 등 바쁜 일정을 보내면서도 러시아를 비롯한 카자흐스탄, 키리기스스탄, 우즈베키스탄, 타지키스탄 등 이른바 CIS국가들을 방문, 나라마다 각기 다른 음악을 맛보기도 했다. 유럽 음악 애호가들은 레오의 출현으로 남미음악 특히 안데스의 자연을 호흡하는 듯한 음악을 좋아했으며 유명한 영화인 〈The last of the Mohican〉에도 그의 음악을 삽입곡으로 넣기도 했다.

레오 로하스의 〈El condor pasa〉는 1913년에 작곡되어 우리말로는 '철새는 날아가고'로 번역되어 남미음악 애호가들로부터 많은 사랑을 받고 있다. 페루에선 제2의 국가國歌 정도로 생각하고 있으며 일본에선 유명 경주마의 이름을 '엘 콘도 파사'라고 지었다고 한다.

> 오 위대한 안데스의 콘도르여/ 날 고향 안데스로 데려가 주오/ 콘도르여 콘도르여/ 돌아가서 내 사랑하는 잉카 형제들과/ 사는 것이 내가 가장 원하는 것이라오/ 콘도르여 콘도르여/ 쿠스코의 광장에서 날 기다려 주오/ 마추픽추와 와이나픽추에서/ 우리가 한가로이 거닐 수 있게

〈El condor pasa〉를 내가 좋아하는 음악 '베스트 3' 안에 넣어 두고 자주 듣는다. 연전에 〈궤나 소리〉란 글 한 편을 쓰면서 레오 로하스를 이렇게 표현한 적이 있다.

> 내가 저승으로 떠날 땐 무리한 산행으로 자주 관절통에 시달리던 정강이뼈로 궤나를 만들어 부는 친구 하나쯤 있었으면 좋겠다. 친구는 떨리는 손으로 궤나를 부여잡고 에콰도르 출신 인디오 뮤지션 레오 로하스

가 펜플루트으로 연주한 〈El condor pasa(철새는 날아가고)〉란 노래 한 곡을 들려주면 얼마나 좋으랴. 나의 궤나에선 팔공산 솔숲을 스쳐 지나가는 솔바람 소리가 앞장서 달리면 얼음장 밑으로 흐르는 물소리와 산새 소리가 뒤따라가면서 멋진 화음을 이룰 텐데. 해 질 녘 저승 언덕에 앉아 내 무릎뼈로 만든 궤나를 내가 부는 일은 없어야 할 텐데.

레오 로하스는 그동안 〈호크의 정신〉, 〈플라인 하트〉, 〈알바트로스〉, 〈레오 로하스〉 등 앨범을 4집까지 발간하여 인간 승리임을 증명하고 있다. 그는 현재 독일 베를린에서 폴란드 출신 미녀 아내와 함께 아들을 키우며 살고 있다.

화가 최북과 반 고흐의 자화상

어떤 이가 반 고흐에게 물었다. 돈이 없어 모델 구하기가 어렵다면서요. 아니야. 멋진 모델 하나 구했어. 누군데요. 모델을 앉혀 놓고 자화상을 그리고 있지.

어떤 이가 칠칠이란 별명을 가진 화가 최북崔北에게 물었다. 최근 눈보라 겨울밤에 귀가하다 얼어 죽은 노인네風雪夜歸人를 그렸다면서요. 그 모델이 누군지요. 그게 바로 나야.

반 고흐는 가난 속에 정신이 혼미해진 병에 걸려 한쪽 귀를 잘랐다. 칠칠이는 그림을 그려달란 세도가의 부탁을 거절하자 "곤장 맛을 봐야 정신을 차리지."란 협박을 당한 적이 있다. 분을 참지 못한 그는 송곳으로 한쪽 눈을 찔러 실명했다. 그림깨나 안다는 미술 관계자들은 이를 두고 두 화가의 기행과 성격이 닮았다면서 최북을 '조선의 고흐'라고 말도 안 되는 소리를 하고 있다.

두 사람의 값을 세계적인 유명세와 그림값으로 따져 반 고흐를 상좌에 앉게 하고 최북을 상 밑으로 내려보내선 안 된다. 고흐는 지독한 가난과 사랑했던 창녀와의 이별 등 불우한 개인사가 저지른 자해행위였지만 최북은 권력자의 폭거에 대항하는 투사적 데몬스트레이션을 벌인 의지의 사나이다. 더구나 최북은 고흐보다 141세가 더 많은 왕형님뻘이다.

칠칠이는 한푼의 돈 욕심이 없이 오로지 자신의 예술세계에 빠져 생애를 마친 괴짜 화가다. 그는 자신의 그림을 귀히 여기는 사람에겐 술 한 잔 값에 그림을 던져 주었다. 그러나 돈을 들고 와 거드름을 피우며 잘난체하면 화를 내며 건네 줄 그림을 찢어 버렸다.

그는 밥 한끼 때우기가 어려워도 남에게 빌붙지 않았으며 자신에게 도움을 줄 고관대작이라도 마음에 들지 않으면 마음을 열지 않았다. 그의 실력이나 능력은 조정에서 관리하는 도화서의 화원으로 들어갈 수 있었지만 태생적 자만심과 몸에 밴 오만함이 머리숙이는 것을 싫어하여 바람처럼 떠돌아다니다 생을 끝낸 진짜 풍류객이었다.

칠칠이의 그림 소재는 부귀한 것을 배척하고 서민들의 삶을 화폭에 옮겼다. 새를 그려도 학은 거들떠보지 않고 메추라기를 즐겨 그렸다. 가옥을 그릴 때도 대궐은 피하고 찌그러진 초가를 즐겨 그렸으며 시를 지을 때도 "백마교 다리 위에 올라서니 창녀촌은 어디에 있단 말인고"라고 읊는 등 하천민의 생활상을 그림과 시로 엮었다.

칠칠이의 일화 중에 금강산에 들어가 구룡폭포 아래 깊은 웅덩이로 뛰어들며 "천하 명인은 천하 명산에서 죽어야 한다."며 객기를 부린 기록은 여러 군데서 읽은 적이 있다. 그가 내금강 표훈사로 올라가 절의 전경을 스케치하듯 뺄 것은 빼고 그릴 것만 그린 작품을 보고 깜짝 놀랐다.

나는 세 번에 걸친 금강산 탐방을 하면서 마지막 회차에 내금강으로 들어가 장안사 터와 표훈사 그리고 북한 국보 98호인 보덕암과 묘길상을 둘러볼 수 있는 행운을 잡은 적이 있다. 꼭 보고 싶었던 장안사는 한국동란 때 폭격으로 불타버리고 남은 것은 작은 삼층석탑뿐이어서 탑의 까칠한 피부를 어루만지며 멍하니 서 있었다. 정비석의 〈산

정무한〉에 나오는 가슴 뭉클하게 감동을 준 장안사가 이렇게 폐허로 변해버렸다니, 흘러내릴 것 같은 눈물을 참느라 하늘만 쳐다보았다. 그러나 표훈사는 칠칠이가 그린 그림에서처럼 멀쩡하게 살아 있어서 다소 위안이 되었다.

화가 칠칠이의 일화를 좁은 지면에 모두 언급할 수 없어서 화가의 임종을 예고하는 〈풍설야귀인도〉를 이야기를 하려 한다. 이 그림의 제목은 중국의 유장경이란 선비가 769년 호상 지방을 여행하며서 지은 시 "날은 저물고 푸른 산 아득하고/ 날씨는 찬데 가난한 오막살이 보인다/ 사립문 밖에 개 짖는 소리 들리나니/ 눈보라 치는 이 밤에 누가 돌아오는구나風雪夜歸人"란 시구에서 따온 것이다.

뉴욕에 살던 화가 김환기는 고국의 시인 김광섭이가 보내온 〈저녁에〉란 시의 끝 구절 "이렇게 정다운/ 너 하나 나 하나는/ 어디서 무엇이 되어/ 다시 만나랴"를 읽고 대작을 그렸다. 〈어디서 무엇이 되어 다시 만나랴〉란 그 그림은 한국일보 주관 '한국미술대전'에 출품하여 대상을 받았다.

칠칠이보다 130여 년 뒤에 태어난 조선조 화가 오원 장승업은 소동파의 〈귀거래사〉를 반절짜리 화폭에 족자 형태로 그린 것도 이와 유사하다. 〈풍설야귀인〉 그림 속엔 오막살이 초가 옆 나뭇가지는 바람에 날리는데 인기척에 놀란 검둥개가 컹컹 짖고 있다. 동자를 데리고 귀가하는 구부정한 노인네는 눈보라 밤길을 허우적거리며 걸어가고 있다. 그가 누구인가. 짖고 있는 개 한 마리 외에 보는 눈은 어디에도 없다. 화가는 알고 있다. 그가 바로 눈길에 엎어져 숨을 거두는 칠칠이 자신의 자화상임을.

매화 그림의 대가 우봉 조희룡은 "북풍이 맵다. 부잣집 광대 노릇하지 않은 것만도 장한 일인데, 어찌 이다지도 괴롭게 한세상을 지냈나."라며 애통해했다. 〈최북을 노래하다〉란 신광하의 시 한 편 읽어보자.

> 최북이 눈 속에서/ 죽은 것은 정말로 애닮도다/ 작은 몸집에 한 눈이 멀고/ 술이 석 잔이 넘으면 거리낌이 없도다/ 열흘 동안 굶주리다 그림 한 폭을 팔고는/ 몹시 취해 밤길 가다 성 모퉁이에 쓰러졌다네/ 어찌하여 최북은 세 길의 눈 속에 묻혔는가/ 아아, 최북의 몸은 비록 얼어 죽었지만/ 이름은 사라지지 않으리.

뒤샹의 위대한 예술품

마르셀 뒤샹(1887. 7. 28.~1968. 10. 2.)은 천재성이 넘치는 예술가다. 과감함을 넘어선 그의 배짱은 가히 세계적이다. 그는 젊은 시절, R. Mutt라는 제조업자가 만든 남성용 소변기를 깨끗하게 씻어 '샘'이란 명제를 달아 뉴욕 독립미술관협회 전시회에 출품했다. 미술계가 발칵 뒤집어진 대사건이었다.

미래를 내다보는 혜안이 없는 심사위원들은 약간의 논쟁 끝에 이 작품을 전시하지 못하도록 부결시켜 버렸다. "이게 무슨 예술품이야. 예술에 대한 모독이자 외설이야." 대충 이런 의견들이 난무하면서 개들이 오줌을 질금거리며 돌아다니는 전시장 뒷마당에 작품을 팽개쳐 버렸다.

나는 뒤샹의 변기 이야기를 삼십여 년 전 미술 잡지에서 잠시 읽어 보고 '별난 놈이 괴상한 짓을 했군' 하고는 책장을 덮어 버렸다. 나 역시 변기 예술에 숨어있는 진면목을 이해하지 못한 안목이 형편없는 떨거지 수준이었다. 잊어버린다고 까맣게 잊히는 것은 아니었다.

첫사랑의 소녀가 문득 생각날 때가 있듯, 마르셀 뒤샹전이 국립현대미술관 서울관에서 열린다는 소식이 또다시 잠자는 영혼에 불을 질렀다. '갈까 말까.' 한참 망설였다. '가지 말자.'고 마음을 다독이며 음악을 홑이불처럼 덮고 누워 있노라니 좀이 쑤셔 일이 손에 잡히지 않았다.

몸은 서울로 달리고 있는데 의식은 반대 방향인 고향으로 향하고 있었다. 고향집 뒷간은 짚으로 엮은 거적을 둘러 비바람과 타인의 눈

길을 막는 문짝이 없는 움집이었다. 금이 간 큰 독을 철사로 동여매 땅속 깊숙이 묻고 두꺼운 발 디딤 송판 두 개를 깔아 둔 자연 친화적인 아름다운 공간이었다.

그 독에는 배설물의 작은 것과 큰 것이 한몫 떨어지기 때문에 건더기보다 국물이 항상 남아돌았다. 자칫 큰 볼일을 볼 때 응! 하고 금방 일어서지 않으면 국물이 튀어 올라 큰 낭패를 보게 된다. 뒤샹도 나처럼 뒷간에 얽힌 곤혹스러웠던 숨은 이야기가 트라우마로 작용했기 때문에 변기를 전시회 작품으로 내놓지 않았나 싶다.

뒤샹은 출품한 소변기의 작품명을 '샘'이라 정한 것도 보통 사람들이 생각할 수 없는 상상 초월의 세계가 엿보인다. 이것부터가 파격이다. 뒤샹의 예술품은 거개가 파격에서 출발하여 전설로 끝난다. 당시 화단의 화가와 평론가들은 뒤샹을 삐딱한 사람으로 오인하고 있었다. 창의력을 짓뭉개는 것은 비난이란 사실을 당시에는 몰랐던 것이다. 오죽했으면 화단의 거장인 피카소조차 뒤샹의 출현을 경계하고 긴장했을까.

뒤샹은 영국의 사진가 에드워드 무이브리지의 〈계단을 내려오는 누드〉라는 작품에 영향을 받아 벗은 여인의 움직이는 연속 동작을 입체파 그림으로 표현하여 센세이션을 일으킨 장본인이다. 그 그림은 인물의 움직임을 화폭에 추상화로 표현한 유례가 없었던 회화 작품이었다.

뒤샹은 베끼기의 달인이자 그걸 소화하여 자기 것으로 만드는 귀재였다. 그는 젊은 시절 파리와 뉴욕을 오가며 작품 활동을 할 때 프랑스의 약국에서 구입한 주사액이 담긴 둥근 유리병 속의 액체를 쏟아버리고 빈 병을 미국 친구에게 선물한 적이 있다. "병 속에 파리의 신선한 공기 50cc가 들어있어. 마셔봐, 친구야." 이에 영향을 받았는지 한때 우리나라에서도 프랑스 산 빈 캔을 수입하여 '파리의 산뜻한 산소가 담겨 있다.'고 대대적인 선전을 하여 팔아먹은 적이 있다.

뒤샹은 루브르 박물관에서 제작한 모나리자 카피 그림에 수염을 그려 넣어 기존의 가치를 조롱하기도 했다. 그는 성의 바꿈을 경험하기 위해 자신이 한동안 여성 차림으로 살면서 에로즈 셀라비(Eroz c'est la vie)란 이름으로 다양한 활동을 하기도 했다. 그것은 괴상한 것과 뒤집기를 좋아하는 뒤샹의 또 다른 낯선 자아自我를 타인에게 보여준 셈이다. 뒤샹은 자신 속에 존재하는 또 다른 존재를 자신만이 보고 즐기는 도플갱어(doppel gangers)인지도 모른다.

그는 기존의 질서를 무시하고 새로운 시도를 했던 특이한 예술가 수준을 넘어선 이단아에 가까운 아티스트였다. 뒤샹은 그가 살아온 세월의 몇 배나 더 많은 세월을 앞서 달리면서 창조적 생각을 행동으로 실천한 선구자였다. 그는 미치광이 같은 천재였으며 천재로 가장한 미치광이인지도 모른다.

뒤샹의 작품 소변기 〈샘〉은 출품한 지 82년 후 뉴욕 소더비 경매에서 1,700만 달러에 낙찰되었다. 디미트리 다스칼로 풀료스란 그리스 사람이 고국의 미술관에 기증하기 위해 구매했다고 한다. 그 소변기는 뒤샹이 뉴욕전시회에 출품한 오리지널 작품이 아니라 1964년 새로 제작한 8번째 에디션으로 가짜라고 불러도 좋을 복사품이었다.

아참, 고향집 정랑 옆에 무심하게 놓여있던 똥장군을 지금까지 갖고 있었더라면 소더비 경매에 출품하여 돈도 벌고 이름도 날렸을 텐데. 나도 뒤샹처럼 천재가 되고 싶은데 둔재의 대열에서 빠져나오기가 이렇게 어렵다. 허 참, 안타깝기 짝이 없네.

뒤샹은 1968년 저승으로 떠날 때 이렇게 말했다. "50년 뒤 나의 예술품을 보는 감상자들이 계속 안타까운 예술 게임을 하기 바란다." 그러고 보니 올해는 뒤샹이 이승이란 무대에서 퇴장한 지 딱 육십일 년째 되는 해이다. 나는 뒤샹이 말한 예술 게임이 너무 난해하여 아직도 그 의미를 찾아다니고 있다.

난해성을 해독하는 솔루션으로 시인 이상의 〈오감도〉 같은 난해한 시를 계속 중얼거리면 해독이 될까. 아니면 조지 거슈윈의 〈서머타임(summertime)〉을 축축하게 젖은 난해한 목소리로 부르는 여가수 제니스 조플린(Janis Joplin)의 노래를 계속 들으면 가능해질까. 뒤샹전이 열리는 미술관을 열심히 돌아다녔지만 난해함을 풀어낼 어떤 실마리도 잡지 못했다. 에이 씨, 천재들은 하나같이 난해한 족속들이구나.

부석사의 관능

역사 탐방을 할 때 별것 아닌 주제가 승산 없이 끝나는 경우가 왕왕 있다. 이야기는 논쟁으로 연결되진 못하고 무승부로 끝이 나거나 결론을 얻지 못하고 흐지부지되고 만다. "원효와 의상 중 누가 더 미남일까. 요석공주와 선묘아씨 중 누가 더 예쁠까." 부석사행 답사 버스 안의 아침 화제는 대충 이런 것들이다.

의상보다 여덟 살 위인 원효는 경산 압량 시골 사람인데 반해 의상은 서라벌 출신으로 둘 다 스물아홉에 출가했다. 8년이란 연치의 차는 있었지만 함께 유학길에 오른 걸 보면 나이 어린 의상의 공부가 만만찮았던 모양이다.

원효와 의상. 그들의 인물은 학식만큼이나 출중했으리라. 지금부터 일천사백 년 전 사진기가 없어 그들의 초상을 찍어 두지 않아 정확히 판별할 수는 없지만 여러 역사적 증황을 유추해 보면 두 고승의 모습은 타고난 귀골에 체격까지 늠름 훤칠했으리라. 여인을 호리는 끼에 있어선 단연 원효가 앞설 것 같다. 그러나 의상도 잠시 부처님의 품을 벗어나 원효처럼 서라벌 화류계(?)에서 선수로 뛸 수만 있었다면 또 다른 '설총'이 여러 명 태어났을지도 모를 일이다.

원효는 재才가 승한 지장이라면 의상은 덕德이 출중한 덕장이라 할 수 있다. 원효는 한자리에서 오래 머물지 못하는 단점이 있고, 의상은 한번 앉으면 잘 일어설 줄 모르는 단점이 있다. 그것은 다른 의미에서 장점이기도 하다. 원효는 여러 곳을 돌아다니며 공부했으며 글과 말씀과 노래까지 능했다.

둘은 당나라로 들어가기 위해 요동까지 함께 갔다. 공동묘지에서 잠을 잘 때 일이다. 원효는 심한 갈증 끝에 머리맡에 놓여 있는 표주박 물을 시원하게 들이켰다. 그것은 해골에 담긴 빗물이었다. 신라의 역사는 원효가 마신 해골 물을 두고 “유심唯心의 도리를 그 자리에서 깨쳤다”고 말하고 있지만 그것은 아마 초저녁에 마신 곡차가 과했음이 아닐까. 원효는 그 길로 고무신을 거꾸로 신고 서라벌로 향해 걸었고 의상은 초지일관 중국 화엄종의 제2조인 지엄의 문하에 들어가 12년 동안 화엄학을 공부했다.

서라벌로 돌아온 원효는 “자루 없는 도끼를 빌려주면 하늘 받칠 기둥을 찍으련다.”라고 외치고 다녔다. 원효와 급수가 같은 무열왕이 말뜻을 얼른 알아차리고 원효를 물에 빠트려 과부가 되어 혼자 살고 있는 딸의 집에서 옷을 말리게 한다. 옷을 말리면서 단잠 한숨 자고 났을 뿐인데 원효는 열 달 뒤 요석공주에게서 아들 설총을 얻는다.

의상의 곁에는 선묘라는 하숙집 아가씨가 37세의 노총각 스님에게 흠뻑 빠져 헤어나지를 못한다. 그러나 의상의 마음을 움직일 수는 없었다. 의상이 신라로 떠나는 날 아침, 부두 고동을 울리며 배는 떠나고 한발 늦게 도착한 선묘 아씨는 음식 상자를 바다에 던지고 혼절한다. 깨어난 아씨는 “이 몸이 용이 되어 임이 가시는 뱃길을 호위하게 하소서.” 하며 바다에 몸을 던진다. 그것은 “임께서 가신 길은 영광의 길이옵기에.”라는 한국동란 후인 50년대 우리 가요의 당나라판 뽕짝이다.

부석사는 선묘라는 아가씨의 사랑의 힘이 없었으면 지어질 수 없었던 아름다운 절이다. 부석사에 갈 때마다 의상도 원효처럼 아들 하나를 얻어 '김총'이라 부르고 대처승 주지로 그렇게 살다 열반에 들었으면 하는 방정맞지만 아름다운 생각을 해 본다.

부석사는 관능이다. 부석사는 아름답다는 수식이 어울리지 않는 차원 높은 아름다움을 유지하고 있다. 의상대사가 당나라 처녀의 신령한 힘을 등에 업고 창건한 부석사는 '아릅답다'는 통속적인 찬사를 거부할 정도의 어떤 카리스마를 지니고 있다. 미술사가인 최순우 선생이 입에 침을 말리는 감탄도 한몫한 탓도 있지만 어느 계절에 부석사를 만나더라도 절이 갖고 있는 태생적 아름다움은 이미 한계의 뜰을 벗어나 있었다.

가이드들은 범종루 앞에서 안양루를 쳐다보게 한다. 그는 "다섯 분의 부처가 보이느냐."고 묻는다. 안 보인다고 말하면 "멀었습니다." 그는 무량수전을 등에 지게 한 후 남쪽 하늘을 가리키며 "아름답습니까?"하고 다시 묻는다. "무엇이 아름다워요?"라고 대답하면 "아직 멀었습니다."라고 말한다. 해답은 안양루 뒤편의 뻥 뚫린 다섯 공간이 부처님 형상처럼 보이느냐는 것과 남쪽 하늘에 펼쳐져 있는 겹겹 능선들이 아름답게 느껴지는지를 물었던 것이다. 아는 것이 없으니 보일 턱이 없는 법이다.

여인이 아무도 범접할 수 없는 강한 카리스마를 지니고 있으면 빳빳하게 풀먹여 둔 남성의 풀기가 확 빠져 버리는 법이다. 그리고는 본래의 아름다움이 으스스한 공포로, 다시 무감각으로 이어져 이솝우화에서 여우가 한 말처럼 "포도는 시다"라며 따먹어 볼 엄두도 내지 못하고 돌아서버리게 된다. 아름다운 꽃 옆에는 귀신이 살고 귀신 옆에는 사람이 붙지 않는다. 내게 있어 부석사는 꽃보다 아름답다.

무량수전 배흘림기둥을 보고 서 있으면 발가벗은 여인 앞에 서 있는 느낌이다. 그런데도 〈밀로의 비너스〉 앞에 서 있는 것처럼 풀기로 잘 장전되어 있는 비아그라적 남성 본능이 전혀 일지 않는다. 예술을 관능으로 보는 무지에 벌을 내린 까닭일까, 아니면 그 관능이 예술 이상의 것으로 승화되었기 때문일까.

비너스는 팔이 없기 때문에 예술적이고, 더 관능적이다. 팔은 원래 인간의 오욕을 퀵서비스하는 심부름꾼이다. 밀로의 비너스에 두 팔이 성하게 달려 있었으면 탄력 있는 엉덩이에 미끄러질 듯 걸쳐진 옷자락 속에 숨겨져 있는 성을 제대로 지켜내지 못했을 것이다. 그리고 부끄러움을 거두어 줄 두 손이 있었다면 약간 뒤틀린 육감적인 여체에 붙어 있는 터질 듯한 젖가슴과 잘 익은 포도알 같은 젖꼭지 그리고 생명의 시원인 배꼽도 가려져 '여신의 원형'이란 찬사와 함께 '미의 극치'로 승화되진 못했으리라.

부석사는 혼자 있을 때 아련하게 떠오르는 그리운 절집이다. 찾아가 만나면 주눅이 들고 만나고 뒤돌아설 때는 항상 걷어차였다는 생각뿐이다. 부석사에 대한 그리운 정을 이젠 제발 끊었으면 좋겠다.

소로의 월든

오늘은 헨리 데이빗 소로를 만나는 날이다. 저승으로 떠났다고 못 만날 일은 없다. 마음속으로 사모하고 존경하는 마음이 커지면 꿈속에서 만나고 강변을 걸으면서 만난다. 내 머리맡에는 미수의 나이로 소천하신 어머니가 물려주신 성경과 소로의 월든 그리고 몇 권의 시집이 항상 놓여 있다. 매일 읽지는 않지만 손이 자라는 가까운 곳에 없으면 서운하기 때문이다.

소로는 1817년 7월생이며 45년을 겨우 살다가 1862년 세상을 떠난 아득한 큰형님뻘이다. 그의 글을 읽고 있으면 캠핑을 함께 떠난 가까운 도반처럼 느껴져 "헨리 형"이라 부르며 말까지 놓고 싶어진다.

소로는 미국 매사추세츠주 콩코드의 월든 호숫가에서 2년 2개월 동안 혼자 살면서 일주일에 하루 일하고 엿새는 책 읽고 산책하면서 자연과 벗한 기록이 알려지기 시작했다. 이는 미국인들의 6일 일하고 하루 쉬는 생활 패턴에 반하는 것이다. 소로는 주당 6분의 1의 노동이 우주 만물의 가치를 인지하는 하나의 방법이며 6분의 5의 사색과 정신운동으로 자연에서 얻어지는 새로운 의미를 찾으려 했다.

소로 이외에도 많은 학자와 연구자들이 자연을 연구하고 탐험하기도 했다. 식물학자. 동물학자를 비롯 환경, 생태, 수자원, 기후, 천문학자들까지 광범위한 연구를 통해 자연의 보존을 위해 많은 노력을 해 온 것은 사실이다. 소로는 물질의 혜택이 인간에게 편의와 행복을 주지만 돈으로 인해 인간 본래의 자유가 축소되고 침해받기도 했다는 사실을 전원생활을 통해 터득했다.

그는 "철학 교수는 있으나 진정한 철학자는 없다."고 말한 적이 있다. 철학적인 삶을 현실에서 실천하는 사람이 드물어 차라리 지식인보다는 인디언과 농민들이 더 가치 있는 삶을 살고있는 사람이라고 주장하기도 했다.

〈한 소나무의 죽음〉이란 소로의 글을 읽어 보자. "오늘 언덕에 올라가니 톱질하는 소리가 들렸다. 두 사람이 큰 소나무를 톱으로 자르고 있었다. 그들은 톱질한 곳을 도끼로 찍어 넘어뜨리려 하고 있었다. 머스키타쿼드 강변에서 1세기 동안 서 있던 가장 큰 나무였다. 15분 후 인부들은 도망치고 귀를 멍하게 하는 큰 소리가 들려왔다. 나무도 죽을 때는 신음을 낸다는 사실을 그때 알았다. 톱질 부분의 지름은 1.2m, 길이는 30m였다. 꼭대기의 솔방울들은 뒤늦게 자비를 호소하며 울고 있었다. 소나무가 서 있던 빈자리는 앞으로 2백 년간 텅 비어 있을 것이다. 봄에 물수리가 찾아오면 허공을 맴돌 것이며 솔개 새끼들은 앉을 곳이 없어 슬퍼하리라. 왜 마을의 종은 조종을 울리지 않는가. 왜 마을 오솔길에는 슬퍼하는 사람들이 보이지 않는가. 다람쥐는 달아났고 매는 빈 하늘을 가로질러 멀리 떠나버리네."(글의 전문을 압축했음.) 자연을 사랑하는 소로의 마음이 한 그루 소나무의 죽음에 매달려 있다.

헨리 데이빗 소로는 고향인 콩코드를 떠나 살지는 않았다. 하버드 대학을 졸업한 후 잠시 형인 존 소로와 사립학교를 열었으나 형의 건강 악화로 그만두었다. 그는 일정한 직업 없이 부모의 가업인 연필 제

조업 일을 돕거나 목수, 측량사, 가정교사 등 온갖 궂은일을 하면서 청탁이 오면 강연과 글쓰기를 하여 용돈을 벌었다.

미국 건국 후 문화적 자산이 부족한 혼란기에 초월주의의 대가인 철학자 랄프 왈도 에머슨을 만나 그의 집에서 가정교사 겸 집사로 일하며 그의 학문을 전수 받으려고 노력했다. 소로는 에머슨의 영향으로 노예제도와 멕시코 전쟁에 반대하면서 인두세 납부를 거부하여 투옥되기도 했다. 또 노예들을 캐나다로 탈출시키는 '지하 철도 운동'에도 가담했다. 소로는 자연 속의 삶을 중시하면서 전쟁과 노예제도 등 인간성을 말살하는 물질문명을 반대하고 옳지 못한 정부의 정책과 비뚤어진 사회 관습에 저항하는 '시민 불복종' 운동을 펴기도 했다.

소로는 하버드 동창생 찰스 스턴스 휠러와 콩코드 인근 플린트 호수 오두막에서 몇 달간의 명상 치유의 시간을 가진 적이 있었다. 그것을 본보기로 하여 월든 호숫가에 자신의 거처를 마련하여 본격적인 전원생활을 시작했다. 그는 월든 호숫가 오두막에서 생활하면서 자연과 깊이 교감하면서 느끼고 생각하고 깨달은 것들을 글로 적었다. 소로는 호수 표면의 잔잔한 움직임에 엄청난 아름다움과 감동을 느껴 이런 글을 썼다.

> 물은 땅과 하늘의 중간에 있다. 물은 새로운 생명과 움직임을 공중에서 받아들인다. 바람이 불면 잔물결을 일으킨다. 미풍이 물위를 스쳐 가는 곳을 빛줄기나 빛의 파편이 반짝이는 것을 보고 알 수 있다. 우리가

수면을 내려다보고 그 움직임을 느낄 수 있는 것은 대단히 놀라운 일이다.

소로의 오두막이 있는 월든 주변은 그의 후견인인 랄프 에머슨 소유의 사유지로 임대료 없이 무료로 사용하고 있었다. 1844년 4월 어느 날 소로는 물고기수프를 끓이다 불을 내 콩코드 숲 300에이커를 태워먹은 적이 있었다, 이런 아름다운 글을 쓰고 있는 소로에게 땅 주인은 단 한푼의 피해 보상도 요구하지 않았다. 소로는 겨울철 나무의 나이테를 세다가 폐렴에 걸려 더이상 숨을 쉬지 못하고 하늘나라의 월든 호숫가로 올라갔다. 나중 저승에서 소로를 만나게 되면 이렇게 말하고 싶다. "형님, 어죽은 제가 끓일 테니 하룻밤 재워 주세요."

아드린느 발라드

전쟁터에 나가 팔과 다리 한쪽을 잃은 남자가 있었다. 그는 사랑하는 연인에게 차마 모습을 보여 줄 수가 없어 절연을 통보했다. 세월은 흘렀다. 그녀에게서 청첩장이 날아왔다. 먼발치에서 신부의 모습을 보던 그는 그 자리에 주저앉고 말았다.

휠체어에 앉아 있는 신랑은 두 팔다리가 모두 없는 자신보다 못한 장애자였다. 신부가 얼마나 자신을 사랑했는지를 뒤늦게 깨달았지만 돌이킬 수는 없었다. 신부는 온전하고 건강한 사람을 사랑한 것이 아니었다. 프랑스 작곡가 폴 드 세느비유는 〈아드린느를 위한 발라드〉란 곡을 1976년 둘째 딸이 태어난 걸 기념하기 위해 지었다고 한다. 이 곡을 짓고 보니 너무 아름다워 부드럽게 연주할 음악인을 뽑기 위한 오디션을 열었다. 23세인 젊은 피아니스트인 리처드 클라이더만이 뽑혀 연주 앨범이 무려 2,200만 장이 팔렸다. 서두에 적은 이야기는 이 음악을 미화하기 위해 어느 문학인이 창작한 짧은 글로 알려져 있다.

이 글을 읽다가 팔다리 없이 호주에서 태어난 닉 부이치치(1982년생)라는 친구를 기억해 냈다. 그가 예쁜 일본계 미국인 카나에 미야하라라는 아가씨를 만나 아이까지 낳았다는 소식을 듣고 깜짝 놀랐다. 닉은 왕따와 좌절, 그리고 자살의 유혹을 이겨내고 불행한 삶을 이어가는 사람들에게 꿈과 희망을 심어주는 강연전도사로 우뚝 선 유명인이다. 그는 텍사스에 강연하러 갔을 때 친구의 소개로 아내가 될 카나에를 만났다.

닉은 "사카에를 만나는 순간 눈에 불꽃이 튀었으며 둘이 하나의 끈으로 연결되어 있음을 느꼈다."라고 했다. 그는 그동안 세계 50여 개국을 돌아다니며 온갖 시련을 겪으며 스스로 이겨낸 복음을 전하고 있다. 현재 그는 볼품없는 불구의 몸이지만 자녀와의 사랑에, 부인과의 성에 만족하며 한 사람의 남자와 아버지로서 성공했음은 크게 경하해야 할 일이다.

배우 오드리 헵번(1929~1993)은 20세기 가장 아름다운 여성 중의 베스트에 속한다. 은퇴 후엔 유니세프 친선 대사로 미개발국 오지마을을 찾아가 아이들을 도와주었다. 만년에는 암 투병 중이었음에도 소말리아에서 적극적인 봉사활동을 벌여 젊은 시절의 아름다움을 뽐낼 때보다 더 많은 찬사를 받았다. 이 글에서 상처 입은 군인과 닉 부이치치와 오드리 헵번을 함께 등장시킨 것은 불행한 삶이나 행복한 삶도 종국에 가서는 타인을 위해 봉사하는 삶이 승리한다는 것을 깨우쳐 주기 위함이다.

좁은 지면에 헵번이 출연한 영화와 그동안 받은 상을 나열하는 것은 큰 의미가 없다. 오히려 그녀의 사생활을 한번 뒤집어 보면 아름다운 용모가 행복의 도구가 아님을 알 수 있다. 그녀의 사생활은 얼굴 모습처럼 '깐춍'하진 못하다.

첫 결혼 전 제임스 핸슨이란 연인이 있었으나 맘에 들지 않아 촬영 일정을 핑계로 끝내 버렸다. 영화 〈사브리나〉를 찍을 때 윌리엄 홀든과 잠시 뜨거워졌으나 이내 냄비 불은 꺼지고 말았다. 그 후 바람둥이

유부남 멜 퍼러와 사귀었다. 그의 꼬드김에 넘어가 세 번째 아내를 버리고 추근대는 그에게 대문을 활짝 열어젖혔다. 아무리 산뜻한 여인도 흠집 많은 남정네의 계속 찍어대는 도끼질에는 열 번 이전에 넘어지고 만다는 속담이 딱 들어맞는다.

알프레드 히치콕 등 다른 거장들이 멋진 배역을 제안해도 남편이 감독하는 영화에만 출연했다. 멜 퍼러는 타고난 바람쟁이였다. 황금사과는 한두 번 베어먹다 말고 떫은 풋사과를 즐기는 꼴이었다. 그는 헵번보다 못한 자신의 열등감을 제어하지 못하고 잦은 다툼을 벌였다.

헵번은 임신 중 〈언포기븐〉이란 영화 촬영 도중에 낙마 사고로 유산을 하게 되자 남편이 자주 주먹을 휘둘렀다. "에라, 모르겠다. 나도 내 갈 길을 가야겠다."고 선언하고 이혼해 버렸다. 헵번은 헤어진 후 멜 퍼러란 이름을 입에 올리기조차 싫어했다. 멜 퍼러는 이혼 후 다른 여자와 5번째 결혼, 90세까지 살다 죽었다.

〈로마의 휴일〉 촬영 때부터 따라다닌 이탈리아 정신과 의사 안드레아 도티와 39세 때 재혼하여 둘째 아들(루카 도티)을 낳았다. 헵번의 전성기 미모를 사랑했던 도티는 늙어가는 헵번이 맘에 들지 않아 다시 외도의 길로 나섰다. 그들은 13년 만에 헤어졌다. 헵번은 유니세프 대사로 본격적인 구호 활동을 할 때 네덜란드 배우인 로버트 월드를 만나 죽을 때까지 동거했다. 서양에도 '삼세판'이란 불문율 비슷한 관습이 있었나 보다. 헵번도 세 번 만에 겨우 안주할 기둥에 기댈 수 있었으니 말이다.

헵번은 골초였다. 〈티파니에서 아침을〉에서 긴 파이프를 물고 있는 장면 때문에 그걸 '헵번 파이프'라고 부른다. 헵번의 사망 원인은 결장암을 일으키는 독한 담배 때문이었다. 배우 브리지트 바르도가 한국인이 즐겨 먹는 개고기 문화를 비난하자 "전쟁이 터지면 그보다 더 한 것도 먹게 돼. 넌 안 먹어 봤지."라며 쏘아붙인 적도 있다.

헵번의 담배 피우는 모습이 1,400만 매 우표로 발행된 적이 있다. 아들의 요청으로 발매가 중단되자 우체국 폐기 담당 직원이 30매를 빼돌렸다. 그게 매당 한화 6억 7천만 원에 거래됐다고 한다. 아직 몇 매 남았는지 모르지만 지금도 경매에 나오면 부르는 게 값이다.

어느 누가 가장 행복한 삶을 살았을까.

반 고흐 동생의 아내

일본 속담에 "형제부터가 남이다"란 말이 있다. 어머니는 이웃 가정의 형제들이 유산을 사이에 두고 자식들끼리 다투다 재판까지 하게 됐다는 소문이 들리면 혀를 끌끌 차며 "동기도 남이데이."라며 안타까워하셨다.

어머니는 3녀 2남의 다섯 아이를 둔 가난한 청상靑孀이었다. 자녀교육 방법은 아이들이 싸우지 않고 서로 돕는 우애를 첫 번째로 꼽았다. 그 방침은 딸들이 결혼 후에도 상당 기간 지속됐지만 자녀들이 커가자 서로 자신의 새끼들을 돌보느라 동기간의 관계는 그렇게 중요한 품목에서 제외되는 듯했다. 하늘에서 내린 철리哲理가 바로 그런 것이다.

세계적인 화가 반 고흐의 가정을 들여다봐도 우애와 질투가 범벅이 되어 그렇게 흘러가고 있었다. 우애는 형인 빈센트와 동생인 테오 사이에 존재했을 뿐 여동생들인 안나, 리스, 빌레민과의 사이는 약간의 미움이 섞인 뻘쭘한 관계로 유지되고 있었다. 한 형제는 아니더라도 가족 개념에 드는 테오의 아내 요한나 반 고흐 봉허는 남편의 형인 빈센트를 진심으로 존경했다. 그녀는 빈센트가 세상을 떠난 뒤에도 애정과 관심을 갖고 화가로서의 위상을 높여 주는 작업을 끈질기게 추구하여 무명 화가를 스타덤에 높이 올려세웠다.

빈센트는 화가였고 테오는 화상畵商으로 떼려야 뗄 수 없는 사이였다. 형과 동생이란 태생적 관계도 소중한 것이지만 그림 한 점 팔리지 않는 형에게 매달 생활비를 보내주는 금전적 지원은 둘의 우애를 유지시켜 주는 튼실한 버팀목이었다. 그러나 여동생들은 생각이 달랐다.

빈센트보다 두 살 아래인 맏누이 안나는 "빈센트 오빠는 무엇이든 자기가 하고 싶은 대로 했으며 다른 사람에게는 전혀 신경을 쓰지 않았어. 오빠의 예술세계는 존중하지만 인간적으론 정말 좋아할 수가 없어." 이 이야기는 빈센트가 세상을 뜬 후 안나가 남동생인 테오에게 쓴 편지에서 밝혀진 것이다. "오빠는 다른 사람에 대해 지나친 환상을 갖고 있다가 자신의 기대에 충족감을 느끼지 못하면 실망하고 돌아서 헌 신발짝처럼 내다 버리기가 일쑤였다."고 덧붙이고 있다.

안나는 1885년 이 가문의 기둥이자 목사인 아버지가 갑자기 사망하자 빈센트와 크게 다퉜다. 그녀는 나이가 서른둘인데도 장가는커녕 부모에게 얹혀사는 중년 캥거루족인 오빠에게 자존심이 상할 정도로 퍼부었다. "이제 오빠도 집을 떠날 때가 됐어. 엄마 속을 덜 썩이는 방법은 그것밖에 없어." 빈센트는 그 길로 집을 뛰쳐나와 다시는 고향으로 돌아가지 못하고 생을 끝냈다.

둘째 누이 리스도 마찬가지 생각을 하고 있었다. "빈센트 오빠는 형제가 아니라 남들처럼 느껴질 때가 많아. 편지를 쓰고 싶지도 않고 오빠의 편지를 받아도 별 감흥도 없고 공감하기도 어려워."

셋째인 아홉 살 아래 막내 누이 빌레민과는 사이가 아주 좋았다. 그녀는 미술과 문학에 심취한 독신녀였다. 교사와 간호사로 일하면서 자주 정신병원 신세를 지기도 했다. 빈센트는 막내에게 그림을 선물하면서 "언젠가 너의 초상화를 그려 보고 싶다."며 따뜻하게 대해 주었다. 가족들은 빈센트가 보내준 그림을 팔아 막내의 병원비로 충당하기도 했다.

빈센트는 동생의 아내 요한나와는 특별히 가까웠다. 테오가 결혼하여 남자아이가 태어나자 이른봄에 피는 새 생명을 축하하기에 알맞은 〈꽃핀 아몬드 나무〉를 그려 조카 방에 걸어두라며 보냈다. 테오는 아이의 대부가 되어 달라면서 이름까지 형 이름 그대로 빈센트 반 고흐 주니어라고 지었다.

반 고흐는 자신의 그림을 구필 화랑에서 근무하는 테오에게 보냈지만 〈아를의 포도밭〉 한 점밖에는 팔지 못했다. 평생 동생에게 신세만 지고 살아온 고흐는 1890년 7월 들판에서 그림을 그리다 말고 권총 자살을 시도했다가 다음 날 테오의 품에 안겨 숨지고 말았다. 우울증을 앓고 있던 테오 역시 6개월 뒤 사망하자 아내 봉허와 갓난아기 빈센트 주니어가 두 사람의 짐을 나누어지고 험한 세상 속으로 힘겹게 걸어가야 했다.

새댁 과부 봉허는 아파트에 널려 있는 빈센트의 그림들을 처분해 버리고 편하게 살라는 주변 사람들의 권유를 뿌리치고 단 한 점의 그림도 버리지 않고 형과 동생이 주고받은 편지까지 샅샅이 찾아냈다. 그녀는 무거운 그림 짐을 싣고 고향인 네덜란드 암스테르담 근교의 부숨으로 돌아가 하숙을 치며 생계를 유지했다.

봉허의 목표는 단순했지만 과정은 복잡했다. 남편 테오가 하려던 일은 형인 빈센트의 화업을 알리는 일이었다. 그것은 바로 빈센트의 평생 작업인 '고흐의 그림'을 세계만방에 펼쳐 보이는 것이었다. 그녀는 빈센트의 그림을 졸작과 명작으로 구분 지우지 않았다. 1892년부터 1900년까지 8년 동안 네덜란드에서 20여 회의 반 고흐 전시를 열면서 수작과 평작을 두루 섞어 전시를 하여 모든 작품을 명작으로 인식하게 했다.

봉허는 10년간의 과부 생활에 종지부를 찍고 무명화가인 요한(Johan Cohen Gosschalk)을 두 번째 남편으로 맞아들였다. 그녀는 자신의 옆자리에 잠자리를 마련해 주는 대가로 반 고흐와 테오를 널리 알리고 선전하는 과업에 무임금으로 복무토록 했다. 큰아버지의 이름을 이어받은 아들에겐 녀석의 방에 걸린 '아몬드 그림'을 가리키며 "너는 두 어른의 은덕을 평생 잊지 말아야 해."라는 귀에 못이 박이는 교육을 시켜 고흐 그림을 관리하는 전문가로 키워냈다. 빈센트 주니어는 어머니에게서 물려받은 그림들을 반 고흐 재단의 미술관에 양도하고 생애가 끝날 때까지 그곳으로 출근했다. 빈센트 반 고흐 형제는 이른 나이에 죽었지만 그들을 살려낸 사람은 요한나 모자와 두 번째 남편 요한이다.

웨스트 사이드 스토리

삼류극장 쇼와 춤추는 영화에 빠진 적이 있다. 〈비는 사랑을 타고〉와 〈웨스트 사이드 스토리〉가 지금도 생생하게 기억에 남아 있다. '비는 사랑을'은 탭 댄스 추는 모습이 일품이었다. '웨스트 사이드'는 여주인공 마리아(나탈리 우드)와 그녀를 찾아온 토니(리처드 배이머)가 아파트 난간에서 부르는 〈오늘 밤(Tonight)〉은 간질간질한 설렘으로 다가와 온몸을 긁도록 만들었다.

'웨스트 스토리'는 1957년 뮤지컬로 세상에 나왔다가 1961년 영화로 만들어진 것을 싸구려 재개봉관에서 본 것 같다. 시골 촌놈이 이렇게 화려한 무대와 멋진 배역들이 어울려 돌아가는 화면은 환장할 정도로 내 맘을 잡아끌었다. 빠른 음악이 들리면 목을 짧게 자른 중고 군화(똥구두)를 신은 두 발로 탭댄스 스탭을 흉내내곤 했는데 그건 벌춤이었다.

로버트 와이즈 감독 작품을 60년 만에 영화의 귀재 스티븐 스필버거 감독이 최근 뮤지컬 영화로 리메이크한 첫 작품으로 〈웨스트 스토리〉를 내놓았다. 이 소식을 듣고 학창 시절로 돌아가 새로운 배역들이 주연을 맡은 이 뮤지컬이 보고 싶어 마음이 달뜨고 있다. 돋는 소름을 긁기 위해 대나무 효자손이라도 미리 준비해 두어야겠다.

나는 이 영화를 두어 번 봤지만 스토리에 매력을 느끼지는 못했다. 오로지 여배우 나탈리 우드의 청순한 미모와 그들이 추는 흥겨운 리듬에 맞춘 율동에 반했을 뿐이다. 영화의 줄거리는 셰익스피어의 희곡 〈로미오와 줄리엣〉에서 따온 진부한 서사에 불과하다. 폴란드계

조직 '제트파'와 푸에르토리코계 '샤크파'의 갈등이 뼈대가 되어 이야기를 끌고 간다. 주인공 토니는 무도회에 갔다가 반대파 아가씨 마리아를 보고 첫눈에 반한다. 둘은 함께 춤추며 첫 키스를 나눈다. 그러는 동안 두 파의 갈등이 뒤엉켜 서로 죽고 죽이는 사건이 발생하고 반대파의 리더 치노가 마리아의 애인 토니를 총으로 쏘아 죽인다. 마리아는 토니의 시신을 안고 통곡하자 두 조직은 뒤늦게 후회하면서 화해한다.

이 뮤지컬 영화의 백미는 마리아를 찾아온 토니와 아파트 난간에서 부르는 "어두운 밤이지만 우리의 세상은 빛으로 가득 차 있어요."라는 듀엣곡이다. 나의 관심은 나탈리 우드가 숱하게 저질렀던 연애 사건들이 어떻게 결론이 나는지 영화 밖의 일들에 오히려 관심이 많았다. 나탈리는 러시아계 미국인으로 1938년 샌프란시스코에서 태어나 43년부터 아역 배우로 출발했다. 1955년 〈이유 없는 반항〉에서 제임스 딘과의 열연으로 큰 인기를 끌었다. 그녀는 제임스 딘(지미)의 매력에 홀딱 반해 짝사랑의 열병을 앓았으나 지미는 그녀를 거들떠보지 않았다.

홧김에 서방질하듯, 스무 살 때 배우 로버트 와그너와 결혼, 5년 살다 이혼하고 1969년 영화 제작자 리처드 그레그슨과 결혼, 3년 후 헤어졌다. 두 남편에게서 각각 딸 하나씩을 얻었다. 72년 첫 남편과 다시 결합했으나 태생적 바람둥이인 그를 잠재우지 못했다. 그가 염문을 뿌린 여배우는 제인 맨스필드, 우술라 안드레스, 조안 콜린스, 조안 클로포드, 캡시느, 라쿠엘 웰치, 스테파니 파워즈 등이었다.

나탈리는 16세 때 30대인 배우 커크 더글러스에게 성폭행을 당했다고 그녀의 여동생인 라나가 폭로한 적이 있었다. 집안에서는 배우 인생을 망칠까 봐 쉬쉬하며 덮었다. '웨스트 스토리'에 나온 조지 차키리스와 반짝 사랑으로 불똥을 튀기다가 영화 〈초원의 빛〉의 상대역 워렌 비티에게 빠져 정신을 차리지 못하고 첫 남편과 이혼하고 만다.

나탈리의 연애 인생 중 가장 치열한 사랑은 워렌 비티와의 영화 속 사랑이 현실로 이어진 것이 아닌가 싶다. 엘리아 카잔이 메카폰을 잡은 〈초원의 빛〉은 두 사람의 남녀가 사랑하지 않고는 못 배길 순정 영화이다. 둘은 인물과 섹스의 경험들이 출중한 터수여서 배고픈 남녀가 밥상 앞에서 할 짓은 기갈 들린 듯 밥 퍼먹는 일밖에 다른 무엇이 있겠는가.

> 여기 적힌 잉크 빛이 희미해질수록/ 당신을 향한 마음이 희미해진다면/
> 난 당신을 잊겠습니다/ 초원의 빛이여/ 꽃의 영광이여/ 다시는 그것이/
> 돌려지지 않는다 해도 서러워 말지니
>
> – 윌리엄 워즈워드의 시

워렌 비티 이후 다음 타자는 〈낯선 사람과 사랑〉에서 공연한 스티브 맥퀸이다. 그의 아내가 집요하게 따라다니며 감시하는 바람에 바람이 불다가 멎어버리고 말았다.

나는 이 글을 쓰면서 독 파티(Dog party)에 다녀온 기분이다. 암색 낸 개 한 마리와 꽁무니 뒤에 바짝 붙어 따라다니며 컹컹거리는 수캐들의 향연, 참으로 볼 만하고 신나는 구경거리다. 나탈리 우드는 1981년 11월 캘리포니아 산타카탈리나섬 근처 바다에 익사한 것으로 알려져 있다. 겨우 43세. 그 섬에는 첫 남편과 그의 친구 크리스토프 월컨 두 사람뿐이었다.

나탈리와 월컨은 영화 〈브레인 스톰〉에 출연하면서 가까워졌는데 둘의 불륜 사실을 눈치챈 남편이 의도적 요트놀이를 주선했다고 한다. 남편이 술을 과하게 권하여 취한 나탈리가 바다에 빠졌다는 소문이 돌기도 했다. 당시 배의 선장은 '월컨과 나탈리가 바람을 피웠다고 의심하면서 싸웠다.'고 했다. 오랜 재판 끝에 나탈리의 실족사로 결론이 났다. 나탈리가 저승에서 그간 거쳐 간 파트너들을 몽땅 초청하여 '웨스트 스토리'를 닮은 춤판을 걸판지게 벌였으면 참 재미있겠다. 나도 덩덕개처럼 춤판 주변을 껑충거려야겠다.

해 뜨는 집의 크리스틴

그날 밤 우리가 도착한 시각은 새벽 세 시가 조금 넘고 있었다. 그리 좁지도 않은 골목길은 밤이 너무 깊은 탓인지 호객행위도 끊겨 있었다. 다만 대문 위에 켜져 있는 홍등紅燈만이 지겹다는 듯이 희미하게 졸고 있었다. 서울에서 내려온 소설가 K의 제안에 후배 시인 L의 맞장구로 우리는 이렇게 유곽 거리를 서성이고 있었다.

"그곳에는 예기치 않았던 소설의 소재가 있을지 몰라." K의 약간은 부끄러운 듯한 변명에 "그렇지. 그곳에는 정액 냄새가 물씬 풍기는 시어詩語들이 시궁창에 버려져 있을지도 몰라."라는 동의로 우리의 음모는 쉽게 합의되고 결행됐다. 밤새도록 마신 술기운을 빌려 홍등가의 이 골목 저 골목을 싸질러 다녔지만 소설의 소재가 될 만한 여인도, 한 톨의 시어도 발견하지 못했다.

"근처 해장국 집에서 해장술이나 한잔하지." 누군가의 또 다른 제의에 발걸음은 다시 목로주점을 향하고 있었다. 우리가 골목을 거의 다 빠져나왔을 무렵 골목 입구에 박아 둔 돌 위에 얼굴을 치마폭에 묻고 쭈그리고 앉아 있는 한 여인의 모습이 눈에 띄었다.

그 모습은 마치 빈센트 반 고흐가 창녀 크리스틴의 벗은 알몸을 그린 후 '슬픔(sorrow)'이라 이름을 붙인 스케치 작품 속의 바로 그 여인이었다. 그림 속의 크리스틴은 몹시 야위었고 유방은 축 늘어져 당시 고흐가 처해 있던 가난하고 서러운 이야기들을 그녀의 살 속에 묻어 놓고 있는 것 같았다. 여기 밤늦은 시간에 길가에 앉아 있는 이 여인은 전체 창녀들의 피곤함과 권태로움, 그리고 서러움까지를 온몸으로 대변하고 있었다.

"아가씨, 아가씨, 왜 여기 앉아 있어요?", "시내에 잠시 다녀오니 내 방이 없어졌어요. 다른 아가씨가 내 방에서 손님을 받았나 봐요." 우리 넷은 쉽게 한통속이 되어 낮에는 쉬고 야간영업만 하는 홍등가 주변 목로주점의 방 하나를 얻어 해장 술판을 벌였다. 크리스틴이 우리의 술친구가 되어준 대가를 만 원짜리 지폐 한 장으로 때우고 왁자지껄하게 이야기판을 펼쳤다. 소설가는 소설가대로, 시인은 시인대로 나름대로 집중적인 질문을 퍼부었다.

"이름은 J라고 해요. 이곳에 온 지 반년쯤 됐어요. 저의 직업은 창녀, 그러나 저의 직업을 부끄럽게 생각하거나 저의 행위를 수치스럽게 느끼지 않아요." 너무나 당돌한 크리스틴의 얘기에 화들짝 놀라 자세히 쳐다보니 그녀는 팔등신에 가까운 몸매에 빼어난 미모를 지니고 있었다. 핏기 없는 얼굴과 탄력을 잃어버린 피부가 흠이라면 흠이었다. 우리의 크리스틴은 맥주 한 컵을 단숨에 들이켠 후 이야기를 계속했다.

"대전에서 태어나 그곳에서 여고를 다녔어요. 부자는 아니었지만 여고시절에 아버지가 빨간 자전거를 사줄 정도였으니 아마 중류 가정은 됐나 봐요. 그런데 그 빨간 자전거가 내 운명을 이렇게 돌려놓았어요. 자전거를 타고 등교하는 내 모습이 또래 남학생들 사이엔 선망의 대상이었어요." 크리스틴은 소설가 K가 마시는 술잔을 채근하여 되받아 마시고 얘기를 이어 나갔다.

"저의 발랄한 모습에 눈독을 들이고 있던 불량배들이 저를 끌고 갔어요. 그날은 비가 왔어요. 언니 바바리코트를 몰래 입고 여고생 특유의 감상에 젖어 빗길을 걸었던 게 화근이었어요. 으슥한 헛간으로 끌려가 그렇게 당했어요. 그 짓은 번갈아 가며 계속되었고 나는 죽어버리고 싶었습니다. 아니 그때 죽었는지도 몰라요. 아저씨, 술 한 잔만 더 주세요."

처절하리만치 잔인했던 크리스틴의 기억이 내게로 전해 오는 순간 그녀의 미모와 아름다운 몸매는 간 곳 없고 고흐가 가장 비참했던 시절에 만났던 창녀 크리스틴이 거기에 앉아 있었다. 꼴깍! 하면서 크리스틴의 목구멍으로 술이 넘어가는 소리와 동시에 눈물방울이 그녀의 두 볼을 타고 흘러내렸다.

"날이 붐하게 밝을 때쯤 풀려났고 나는 죽어버릴 장소를 찾고 있었어요. 어느 곳에도 정착할 수 없는 방황은 시작됐고 방황은 끝내 가출로 이어졌어요. 나를 짓밟고 간 그들을 죽이고 싶도록 미웠습니다. 그러나 세월이 지나고 보니 이제 그들을 용서할 수 있을 것 같아요. 그래서 창녀가 되었는지 몰라요."

술을 계속 청해 마신 탓으로 약간은 취한 듯한 우리의 크리스틴은 이야기를 또박또박 이어 나갔다. 그녀가 지니고 있는 원초적인 슬픔과 진솔한 얘기는 어느 한구석에서도 창녀로서의 천박함이 내비치지 않았다. 이날 새벽 해장 술판의 분위기는 창녀 크리스틴의 생애가 안주가 되어 그렇게 숙연해질 수밖에 없었다.

“이 생활에서 당하는 괴로움이 꼭 한 가지 있어요. 월말이면 두 사람의 근로자가 봉급을 받아 쥐고 저를 찾아옵니다. 두 사람 모두 긴 밤 손님으로 제 곁에 오래 남아 있기를 원하기 때문에 늦게 오는 어느 한 사람은 쓸쓸한 마음으로 돌아가야 해요. 돌아가는 사람이 불쌍해요. 누구는 남고 누구는 왜 돌아가야 합니까.”

드디어 크리스틴의 넋두리는 울음으로 변했고 우리 셋은 그녀의 통곡을 막을 수 없었다. 한참 후에 가까스로 울음을 그친 크리스틴은 우리를 어느 외로운 손님이 하룻밤을 머물다 간 그녀의 방으로 안내하여 커피 한 잔을 대접했다.

방안을 휘둘러보니 낡은 비닐 가방 하나가 크리스틴의 생애처럼 놓여 있었다. 빗물이 새 얼룩이 생긴 벽에는 “생활이 그대를 속이더라도 슬퍼하거나 노하지 말라”고 적혀 있는 푸시킨의 시구가 액자로 걸려 있었다. 우린 그곳을 벗어나 ‘해 뜨는 집’ 크리스틴의 영원한 처녀성을 위해 다시 한 잔의 술을 마셨다.

조선조 최고 멋쟁이 선비

조선조 선비 중 최고의 멋쟁이이자 풍류객은 백호 임제가 아닌가 싶다. 39세라는 너무 이른 나이에 세상을 버려 호방한 기상이 하늘을 뚫을 것 같은 기개를 펼치지 못했음이 원망스럽다.

콧대 높은 평양 기생 한우寒雨를 시 한 편으로 꼼짝없이 옭아매 하룻밤 객고를 푼 일화는 양반이 시장할 때 알밤 한 톨 까먹은 것에 불과하다. 또 생전에 만나지 못한 송도 기생 황진이의 무덤을 찾아가 술 한 병과 닭 한 마리를 제수로 올리고 추도시를 읊은 것도 무한 바다에 자유롭게 유영하는 풍류남아에겐 그것 또한 허물일 수 없다.

다만 백호가 평안도사로 발령받아 부임하러 가는 길에 관복을 입은 채로 천민 기생의 무덤 앞에서 술잔을 올리고 추도시를 읊은 것이 소문나 구설에 올랐다. 일설에는 조정으로부터 파직당했다고 알려져 있으나 사실이 아니다. 그는 1583년부터 1584년까지 평안도사로 근무한 이력이 기록에 남아 있다.

백호는 평안 도사 시절에도 기생의 죽음을 애도하는 시를 지은 적이 있다. "곱고 고운 자태가 평양성에서도 빼어나/ 두 눈썹이 먼 산처럼 가느다랗지/ 열매 맺을 인연이 없었던 꽃/ 옥 같은 허리가 어찌 여위어졌나(첫 수) 세상 자취 화장하던 거울에 남고/ 춤추던 옷엔 먼지만 날리네/ 꽃다운 넋은 어디로 떠나갔나/ 강버들에 제비는 돌아오건만(둘째 수)"

평양 기생 한우에게 수작을 걸 때의 시와 한우가 이를 허락하는 시는 너무 유명하고 많이 알려져 있다. 또 15세 소녀와 헤어질 때 읊은 애틋한 심사의 시도 읽을 만하다. 전남 나주 다시면 회진리의 백호 문학관 입구에 서 있는 〈무어별無語別〉이란 시다. "열다섯 살 아리따운 아가씨/ 수줍어서 말못하고 이별이러니/ 돌아와 겹문을 꼭꼭 닫고선/ 배꽃 사이 달을 보며 눈물 흘리네"

백호는 일찍부터 문재文才가 뛰어나고 협기가 도도하여 유가의 예법을 중시하는 선비들로부터 미움을 받았다. 그래서 벼슬도 겨우 정랑正郞에 그쳤으며 공직에 오래 머물지 못하고 병이 들어 일찍 죽었다. 애석한 일이다. 흔히들 사람들은 백호의 겉만 보고 기생들과 뒹굴고 놀기를 좋아하는 쟁이 취급하는 시각이 많았다. 그것은 틀린 것이다.

그는 우리나라 전체 선비 중에서도 나라를 사랑하는 마음이 투철했으며 조국의 위상이 중국의 속국으로 취급되는 것에 강한 분노를 느낀 애국자였다. 백호는 죽음을 앞두고 슬퍼하는 자식들에게 "중국 주변의 오랑캐 나라와 남쪽의 여덟 야만족의 족장들이 스스로 자신을 황제라고 칭하는데 유독 우리나라만 중국을 주인이라 부르고 있다. 이런 나라에 살 바에는 차라리 죽는 편이 낫지 않겠는가. 내가 죽더라도 곡하지 말아라."라는 유언을 남겼다.

그는 "이런 누방陋邦에서 살다 떠나는데 하찮은 나의 죽음을 슬퍼할 일이 전혀 없다. 만약 내가 오대五代나 육조六朝 시대에 태어났더라면 나도 황제나 천자쯤은 한번 해 봤을 것이다."라며 통 큰 소원을 밝히기도 했다. 중국의 눈치를 보며 나라의 안위를 위한 사드 배치조차 하지 못한 못난 대통령과 예하 장관과 장성들은 백호기념관의 영모정에 적혀 있는 물곡비 앞에서 늦은 참회라도 해야 할 것 같다.

백호 임제는 1549년(명종 4년)에 태어나 1587년(선조 20년) 6월에 부친 임진의 상을 당하고 2개월 뒤인 8월에 세상을 떠났다. 그는 자신의 죽음을 예감하고 만시輓詩를 지었다.

> 강한江漢에서 보낸 40년 풍류 생활/ 맑은 이름 세상 사람들을 울리고도 남으리라/ 이제는 학을 타고 속세 그물 벗어나니/ 바다 위 반도 복숭아는 새로 익었겠지

물곡비 옆에는 노산 이은상이 지은 '백호 임제 선생 기념비'가 세워져 있다.

> 조선 왕조 오백 년에 가장 뛰어난 천재 시인이 누구냐고 물으면 우리는 백호 임제선생이라 대답할 것이요. 그보다도 언제나 초탈한 천성을 지켜 파벌 당쟁의 탁류 속에 빠지지 않고 끝까지 자주 독립사상을 견지하여 사대부유事大腐儒들과는 자리를 같이하지 않았던 높은 인간성의 소유자를 찾는다면 그 또한 선생을 손꼽을 것이다.(중략)
>
> 향년 39세라. 일생은 이같이 짧았을지라도 그 뜻과 문학은 천추에 전할 것이라. 여기 공의 이름 앞에 찬송을 바친다. 멋과 정한의 시인 백호 선생이여, 깨끗한 그 모습 구름 가듯 물 흐르듯 하늘 복판에 달 가듯 하

였도다. 자주독립의 사상인 백호선생이여, 사나이 높은 절개 꺾을 수 없었기에 만인이 모두들 우러러보았도다. 1979년 3월에 짓다."

조선조 최고의 멋쟁이 선비가 일으킨 한 자락 바람 같은 시편을 읽지 않고 이 글을 끝내는 것이 너무 아쉬워 말미에 적어 둔다.

북천이 맑다거늘 우장 없이 길을 나니
산에는 눈이 오고 들에는 찬비로다
오늘은 찬비 맞았으니 얼어 잘까 하노라 (백호가 기생 한우에게)

어이 얼어 자리 므스일 얼어 자리
원앙침 비취금을 어디 두고 얼어 자리
오늘은 찬비 맞았으니 녹아 잘까 하노라 (한우가 선비 백호에게)

백호와 한우는 시 한 편씩 주고받으며 원앙침 비취금을 펴고 하룻밤을 껴안고 뒹굴었다. 한우는 백호에게 같이 살자고 매달렸지만 풍류객 백호는 "아니야, 하룻밤이면 충분해." 하고 들메끈을 졸라맸다.

이상의 초상과 김환기의 그리움

십여 년 전쯤일까. 덕수궁미술관에서 한국근현대회화 100선 전이 열린 적이 있었다. 구본웅이란 화가가 그린 〈친구의 초상〉과 김환기의 대작 〈어디서 무엇이 되어 다시 만나랴〉는 그림이 전시된다는 소식을 듣고 그게 보고 싶어 안달이 났다. 기차를 타고 서울로 올라갔다.

시인 박인환이 그렇게 사모하고 존경하던 괴짜 시인 이상의 모습을 어떻게 그렸는지 궁금했다. 또 목포 앞바다 안좌도 출신인 키다리 화가 김환기의 그림 솜씨도 이번 기회에 꼭 보고 싶었다. 이 말은 거짓말은 아니지만 솔직한 진실을 가린 변명에 가까운 레토릭(Rhetoric)일 수도 있다. 사실은 두 그림이 질투 속에 투정을 하고 있거나 아니면 형, 동생이라 서로 부르며 우의를 다지고 있는지 두 눈으로 보지 않고는 알 수가 없었기에 그걸 확인해 보고 싶었다.

시인과 화가는 한 여인을 앞서거니 뒤서거니 아내로 맞은 이상한 동서지간(?)이다. 미국 사람들은 이런 경우를 어떤 낱말로 표현하는지 물어보진 못했지만 약간 야한 표현이지만 홀 메이트(hole mate)라고 하면 될라나 모르겠다. 이 전시를 보고 싶었던 이유는 두 그림 사이에는 분명 애증의 그림자가 어른거릴 것 같아 그게 가장 큰 관심거리였다.

이상의 초상은 15호짜리 유화로 그의 시 〈오감도〉에 나오는 '십삼인의 아해가 도로를 질주하는' 것처럼 난해했다. 형형한 눈빛 속에는 광기와 괴기가 서려 있고 검게 황칠한 배경 화면에는 불안한 절망이 그늘처럼 드리워져 있었다. 삐딱하게 파이프를 물고 있는 표정에도 자학과 조소가 연하처럼 피어올라 하늘로 올라가고 있었다. 난해의 시인 이상의 매력과 마력은 절친인 꼽추 화가 구본웅이 아니면 도저히 표현하지 못할 그런 명화였다.

김환기의 그림 '어디서 무엇이'는 마지막 대작 전시실에 걸려 있었다. 이상의 초상은 소품이고 김환기의 그림은 대작이어서 '한 구멍 동서지간'의 그림들이 같은 방에서 혼숙하고 있지는 않았다. 째려보고 있든 어깨 위에 팔을 걸고 있든 그런 것들은 이미 내 관심에서 벗어나 있었다.

김환기의 아내 김향안은 본명이 변동림일 시절엔 천재 시인 이상의 아내였다. 경기고녀와 이화여전 영문과 출신으로 스무 살 때 여섯 살 많은 이상과 결혼했으나 사 개월 만에 요절하고 말았다. 칠 년 뒤 세 딸의 아비인 김환기와 재혼하면서 뱀이 허물 벗듯 성명을 바꾸어 버렸다. 아마 프랑스의 소설가 조르주 상드가 연하의 남자인 시인 뮈세 그리고 쇼팽과 연애하고 동거할 때 본명인 오로르 뒤팽(Aurore dupin)을 벗어 던져버린 것을 흉내낸 것은 아닌지, 혹시 하늘나라에서 만날 기회가 오면 물어봐야겠다. 상드는 소설가였지만 김향안은 수필가, 화가, 미술평론가로 다재다능했다.

따지고 보면 쇼팽과 이상도 닮은 점이 많다. 둘 다 폐결핵 환자였다. 요절이 천재의 첫째 요건이란 말이 있지만 이상은 27세에 숨졌고 쇼팽은 비교적 젊은 나이인 39세에 이승을 떠났다. 그런대로 요절의 요건은 갖춘 셈이다.

변동림은 결혼 초부터 결핵 환자인 남편 이상의 수발을 들어야 했다. 소녀티를 갓 벗은 새색시에겐 그것이 고통이었고 슬픔이었지만 그것을 기쁨과 행복으로 승화시켰다. "결혼 사 개월 동안 낮과 밤이 없이 즐긴 밀월은 월광月光으로 기억될 뿐 황홀한 일생을 살다 간 27년은 천재가 완성되어 소멸되는 충분한 시간이었다."라고 말한 품으로 보아 시인 이상을 얼마나 사랑했는지 짐작이 간다.

한편 상드는 인후결핵을 앓고 있는 쇼팽을 발데모사 수도원으로 데려가 헌신적인 간호를 했다. 약과 식료품을 구하러 시장에 간 상드가 큰비를 만나 귀가 시간이 지체되자 쇼팽은 수도원 양철지붕에 떨어지는 빗소리를 피아노로 받아 적어 〈빗방울 전주곡 15번〉을 작곡하기도 했다.

쇼팽은 사망 직전에 '마주르카 4번 F단조'를 작곡하고 누나인 루드비카에게 "나의 심장은 고향인 바르샤바로 보내달라."고 부탁하고 눈을 감았다. 누나는 쇼팽의 심장을 적출, 크리스탈 병에 넣어 바르샤바 성 십자가 성당으로 보냈다.

한편 시인 이상은 신병 치료차 일본으로 건너갔다가 경찰서 유치장에 34일간 구금되었다. 병이 악화되어 급하게 일본으로 건너온 아내의 무릎을 베고 "멜론이 먹고 싶소."라는 마지막 말을 남기고 영면에 들었다. 유택은 미아리 공동묘지였으나 세월이 흐르면서 유실되고 말았다.

이상은 아주 짧은 생존 시기 동안 영롱한 작품들을 남겼으며 12년 더 살았던 쇼팽은 피아노 소나타, 녹턴, 왈츠 등 수많은 작품을 남기고 떠났다. 김환기는 61세 나이로 미국에서 운명하여 천재의 요절 요건은 갖추지 못했으나 그가 천재가 아니라고 말할 사람은 아무도 없다. 천재 이상의 천재다.

그가 그린 〈어디서 무엇이 되어 다시 만나랴〉는 대작은 가장 친하게 지냈던 여덟 살 많은 선배 시인 김광섭이 뉴욕으로 보내온 〈저녁에〉란 시를 읽고 그린 점화다. 그 그림은 단순한 점이 아니라 안좌도의 어린 시절의 기억과 가족과 친구 그리고 고향 풍경을 점 속에 박아 넣은 그리움의 서사시인 셈이다.

김환기의 아내 김향안은 뉴욕의 웨스트 체스터 묘원을 유택으로 정하고 재혼 남편을 먼저 떠나보내고 나중 자신도 그 옆에 묻혔다.

> 저렇게 많은 별 중에서/ 별 하나가 나를 내려다본다/ 이렇게 많은 사람 중에서/ 그 별 하나를 쳐다본다/ 밤이 깊을수록/ 별은 밝음 속에 사라지고/ 나는 어둠 속에 사라진다/ 이렇게 정다운/ 너 하나 나 하나는/ 어디서 무엇이 되어/ 다시 만나랴 (김광섭의 시 〈저녁에〉)

멋쟁이 선비 고산의 바람기

선조 선비 중에 누가 최고의 멋쟁이인가. 나는 아직 해답을 얻지 못하고 있다. 후보는 여럿 있지만 고산 윤선도와 백호 임제를 최종심에 올려 두고 망설이고 있다. 고산은 85세까지 살면서 할 짓과 못 할 짓을 두루 저지르기도 했지만 백호는 젊은 기개와 넘쳐흐르는 풍류의 기질을 펼쳐 보지 못하고 39세란 불혹에도 못 미친 어린(?) 나이로 삶을 마감해 버렸다. 백호도 고산만큼 오래 살았다면 잡질을 포함한 풍류는 아무도 따라올 선비가 없었을 것이다.

고산은 나이 쉰 살 무렵 열여섯 살 소녀를 위계에 의한 간음을 거쳐 첩으로 삼아 사내아이까지 낳은 염치가 없는 선비였다. 그 아이의 이름은 학관이다. 윤학관. 고산은 병자호란 발발 시 인조 임금의 안위를 걱정하여 노비 수백 명을 무장시켜 배를 타고 서해 쪽으로 올라갔다. 강화도 인근에 이르자 인조는 청나라 임금에게 세 번 무릎을 꿇어 아홉 번 머리를 조아리는 삼배 구고두례의 치욕적인 항복 의식을 마친 뒤였다. 고산은 강화도가 함락되어 항복했단 소식을 접하자 뱃머리를 남쪽으로 돌렸다. 제주도로 내려가 온갖 추악한 당파 싸움에서 벗어나 유유자적한 삶을 누릴 계획이었다.

어느 포구에서 물과 기름을 채우고 남하 준비를 할 때 동서 이희안의 노비 세 사람 중 늙은 계집종의 어린 딸이 눈에 들었다. 출정 준비 등에 바빠 여색을 굶은 지 오래인 터에 풍류객의 습성인 바람기가 도져 나이 차를 비롯한 인륜을 무시하고 소녀를 취하고 말았다.

고산의 서자인 학관은 병자호란 당시 어린 계집종의 아들이란 설과 고산이 진도에서 간척사업을 할 때 이곳 토착민의 부인을 첩으로 들여 그 사이에 태어난 아들이란 설이 있다. 그런 것 모두 제쳐두고 노비의 딸을 범했든 아니면 양민의 부인을 첩으로 삼았든 간에 어쨌든 용서할 수 없는 파렴치범의 소행임은 분명하다.

고산은 다른 서자들도 있었지만 학관을 매우 사랑했다. 보길도 생활에서는 물론 임종 시에도 학관에게 시중을 들도록 했다. 학관은 서얼임에도 고산의 시문과 작품 등을 정리하여 후대에 전해 주었다. 그러나 학관이 죽었을 땐 정실 소생이 아니란 이유로 선영 주변에 묻히지 못하고 고산의 무덤에서 멀리 떨어진 먼발치에 묻혔다.

사대부들은 노비나 노복의 딸을 첩으로 삼는 것은 예사요, 심지어 성의 노리개로 이용했어도 항의 한번 하지 못하고 그대로 따라야 했다. 설사 당시의 시속이 그렇다고 해도 양반 주인의 위세와 권위로 원하지 않는 성행위를 강요한 것은 하늘과 땅의 윤리에 어긋나는 것이다. 법은 벌을 주지 못했지만 서인들의 질책과 탄핵은 이겨내지는 못했다.

고산은 85세 생애 중에 18년을 귀양살이했다. 그는 1587년에 태어나 27세 때 벼슬길로 들어섰으나 불의를 보고 참지 못하는 성격 탓으로 자주 곤욕을 치렀다. 성균관 유생 시절에 함경도 경원, 경상도 기장 등지로 유배를 간 것을 시작으로 수시로 귀양을 가 험지에서 살았다.

예나 지금이나 당쟁의 권력투쟁에서 밀려 수년간 귀양살이를 해보면 인간 세상이 싫어 '사회적 동물'이기를 포기하고 싶어지는 것이 인간의 심리다. 불후의 명작인 '귀거래사'를 읊으며 고향으로 돌아간 도연명이 그랬고, 회재 이언적도 김안로와의 세력 싸움에 밀려 안강 자옥산 기슭에 독락당을 짓고 7년이나 은둔생활을 했다.

고산은 효종이 등극하기 전 봉림대군 시절에 그에게 학문을 가르친 사부였으나 서인들의 집요한 탄핵을 이겨내지 못하고 보길도로 들어가 자연 속에서 살면서 나무와 달을 친구 삼으려 했다. "내 벗이 몇인가 하니 수석과 송죽이라/ 동산에 달 오르니 긔 더욱 반갑고야/ 두어라 이 다섯 밖에 또 더하여 무엇하리." 〈오우가〉란 이 시조는 단순한 시조가 아니다. 고산의 절규에 가까운 맹세이며 한풀이 가사다.

1638년부터 시작된 유배는 20년 세월이 지나도 끝나지 않았다. 서인들은 "그간 내려진 유배 처분이 너무 약하다."고 주장하면서 "윤선도를 삼수로 귀양보내라."고 거듭 소를 올렸다. 이에 마음이 여린 현종은 서인들의 등쌀을 이겨내지 못하고 1660년 3월 "윤선도를 삼수로 보내라."는 유배령을 내렸다. 귀양길이 얼마나 멀고 험한지 그해 6월에 삼수에 도착했다.

고산의 죄는 연좌제가 적용되어 맏아들 인미가 아버지 유배 기간 중에 과거에 급제했으나 서인들의 반대로 관직 임용이 거부되었다. 인미는 죄 아닌 죄로 금고형을 선고받아 13년간 자유롭지 못한 삶을 살았다. 우리나라 정치인의 아들들은 아빠 또는 엄마 찬스로 오만 불법 호사를 누려도 벌을 받지 않았지만 고산의 아들은 허파가 뒤집어져 명대로 살지 못하고 아버지가 죽고 3년 뒤에 세상을 떠났다.

고산은 삼수에서 유배 생활 중에 자신이 지은 예설禮說이 문제가 되어 또다시 서인의 공격을 받고 위리안치형이 추가되었다. 그는 유배 중에도 계속 시가를 지었으며 여가 있을 때마다 거문고를 타며 음악을 즐기는 멋쟁이였다. 그는 전라도 광양으로 이배 명을 받고 추위가 유별스러운 삼수를 떠나 1665년 6월 백운산 아래 옥룡동으로 옮겨 왔다. 그곳에서도 풍토병과 가뭄으로 고생하다 1667년 9월 귀양살이를 끝내고 해남 부용동으로 돌아왔다.

파란 많은 삶을 살았던 고산은 부도덕한 짓을 저지르기도 했지만 자식 교육은 제대로 시켰다. "나는 쉰이 넘어 명주와 모시옷을 입었는데 네가 어린 나이에 명주옷을 입은 꼴은 보기가 사나웠다. 검소한 덕을 숭상토록 하여라." 고산의 이 한마디는 고산 가문의 가풍으로 전해져 내려오고 있다. 맏아들 인미의 아빠 찬스!

지족선사와 동백사 주지

"내, 너를 만나 깨달음을 얻었노라. 황진아, 너는 나의 경전이며 염불이다. 너는 내가 찾고 있던 부처의 산 모습이다."

송도 기생 황진이가 주인공으로 나오는 이야기 속에 조연으로 등장하여 항상 피탈 칠만 당하는 지족선사의 속마음을 헤아려 본 이는 과연 몇이나 될까. 지족선사는 면벽 가부좌하고 견성성불하기를 기다려온 삼십 년 참선 세월을 황진이를 만난 하룻밤 파계로 야사野史 속에서 영영 구제받을 수 없는 패륜 승려로 팽개쳐졌다.

지족선사는 당시 화담과 쌍벽을 이루는 학식과 지혜가 뛰어난 승려로 누구에게나 우러름을 받아온 유명 인사였다. 그는 선승으로 기거하고 있는 지족암을 한 발짝도 벗어나지 않았으며 '무'無자와 같은 풀리지 않는 화두 하나를 들고 용맹정진하고 있었다. 그는 꼬드김이나 유혹에 쉽게 넘어갔다가 입 닦고 돌아앉아 아무 일 없었던 것처럼 시치미 뗄 그런 위인은 아니다. 그의 앞에 일어날 사악한 일은 시초부터 경계했으며 특히 여자 중생은 선에 방해될까 봐 주위에서 얼씬거리는 것조차 싫어했다.

그런 어느 날 서화담에게 접근하다 실패한 황진이가 지족선사를 다음 목표로 겨냥하고 다가왔다. 황진이는 선사의 제자가 되어 수도하기를 청했다. 그러나 지족은 일언지하에 거절했다. 이때까지만 해도 그는 숭앙받는 승려로 남아 있었다.

가만히 있을 황진이가 아니었다. 며칠 후 소복단장에 청춘과부의 복색을 하고 선사 바로 옆방에 침소를 정한 후 죽은 남편을 위한 백일

기도에 들어간다는 소문을 냈다. 그녀는 야심한 밤에 손수 지은 축원문을 울음 섞인 나긋나긋한 음성으로 읽으니 그 목소리가 하도 맑고 청아하여 법당에 앉아 있는 부처님조차 항마촉지인을 풀고 귓가에 손을 갖다 댈 정도였다.

지족선사도 승려 이전에 남자였다. 지족선사는 참으로 인간적인 사람이다. 그가 "여자를 보고 음욕을 품는 자마다 마음에 이미 간음하였느니라."라는 마태복음 5장 28절의 말씀을 읽지는 못했겠지만 생각만큼은 그 언저리에 도달하지 않았을까. 그래서 선사는 마음으로 간음하느니 차라리 실행에 옮겨 욕을 먹으면 먹고 역사에 죄인이 되면 되는 이판사판의 길을 택한 것은 혹시 아니었을까. 따지고 보면 그것이 얼마나 인간적인가. 무슨 일이 터질 때마다 거짓말하고 오리발 내미는 우리나라 정치인들보다는 백배 천배 양심적이다.

지족선사는 파계한 후 제 발로 지족암을 내려와 야인의 길을 걸었다. 그는 황진이를 범한 오입쟁이가 아니라 한 시대의 풍류객이다. 난봉꾼은 여러 여자를 건드리지만 진짜 풍류객은 단 한 사람을 위해 자신의 생명과 명예를 던진다. 지족선사는 그런 사람이다.

나는 지족선사를 존경한다. 입맛에 딱 맞기 때문이다. 견성성불이 별것이며 해탈이 별것인가. 황진이의 살 속에 선사의 살을 박는 순간 해탈은 이미 시작되었고 그리고 완성되었다. 지족선사는 황진이를 만난 후 번뇌의 껍데기를 벗어 던진 대자유인이 되었다. 고뇌 또한 별것 아니다. 해탈하기 전의 근심거리이지 해탈 후엔 번뇌란 단어 자체가 무의미하다. 신라 승려 원효도 허리춤에 조롱박을 차고 뛰고 춤추며 서라벌 장안을 돌아다닌 것은 해탈의 무한 바다에서 자유스러운 유영을 즐긴 것에 다름 아니다.

지족선사도 파계하기 전에는 경전과 불법에 얽매여 있던 작은 암자의 '늘픈수' 없는 땡초에 불과했다. 그는 황진이를 만나 해탈했고 진짜 부처가 되었다. 한 여인을 만나 모든 것을 던진 영원한 풍류객 지족선사가 한없이 그립고 부럽다.

남도 여행을 하다 지족선사와 비슷한 선승 한 분을 만난 적이 있다. 그는 진도군 지산면 지력산 밑에 있었던 동백사 주지였다. 스님은 득도하기 하루 전날 밤 염불을 읊던 중에 잠시 졸았는데 "스님 스님, 저 왔어요." 하는 여인의 소리에 깜짝 놀라 법당문을 열었다. 마당에는 속세에서 사랑했던 여인이 소복 차림으로 서 있었다.

너무 반가워 목탁자루를 관세음보살을 향해 던져 버리고 맨발로 뛰쳐나가 여인을 맞아들였다. 수행도, 해탈도, 성불이 되려는 욕심까지 모두 날아가 버렸다. 남은 건 법당 안 삼존불 앞의 벌거벗은 두 육체뿐이었다. 보디빌더 선수처럼 온몸에 금색 칠을 하고 앉아 있는 부처님은 항마촉지인을 풀지 않고 가만히 내려다보고 있는데 하늘이 먼저 노했다. 폭풍과 벼락 천둥을 내려보내 동백사 법당을 작살 내버렸다.

절집 안에 있던 모든 것들이 산지사방 흩어졌다. 주지 스님의 가사는 날아가 가사도가 되었고, 장삼은 장산도가 되었다. 스님이 벗어둔 하의는 하의도로, 여인의 은장도는 장도로, 주지와 여인이 운우지정을 나눌 때 박자를 맞추던 목탁은 불도로 날아가 지금도 불도의 석가탑은 파도가 심할 땐 목탁 소리를 낸다나 어쨌다나. 지금도 궂은비가 내리는 날이면 해무 속에 음기가 서려 주지도가 남근바위로 불끈 일어서고 때론 젖무덤으로 봉긋 솟아오른단다.

여행에서 돌아오니 지족선사 외에 존경해야 할 스님이 또 한 분 늘어났다. 바로 동백사 주지다. 두 스님은 사랑을 위해 몸과 목숨을 던질 줄 아는 멋쟁이다. 어쩌면 내가 첫 만남 순간에 필이 꽂혔던 걸레스님 중광도 그 패거리의 후예일 것 같다.

나무관세음보살 타불 타타불!

구활 에세이

겨울 원두막

인쇄 2023년 3월 20일
발행 2023년 3월 27일

지은이 구 활
발행인 서정환
펴낸곳 수필과비평사
주소 서울시 종로구 삼일대로 32길 36(익선동 30-6 운현신화타워 빌딩) 305호
전화 (02) 3675-3885, (063) 275-4000 · 0484
팩스 (063) 274-3131
이메일 essay321@hanmail.net
출판등록 제300-2013-133호
인쇄 · 제본 신아출판사

ISBN 979-11-5933-467-2 (03810)
값 16,000원